PERCA PESO REPROGRAMANDO TEU CORPO ELIMINANDO CÉLULAS ALTERADAS

Dra. Sandra Mendonça

ISBN: 978-65-00-72570-4
Hash da Transação do direito autoral (
0xa99492d40857a464d46607c38211237964b7eb44997a0d6e307caa0fb11
02fdd).
Câmara Brasileira do Livro

Design da capa por: André Catalani

Gostaria de dedicar este livro a três incríveis pilares de apoio em minha vida, sem os quais esta jornada não teria sido possível.

Ao meu marido, Dr. Giacomo Di Meglio, obrigado por ser minha fonte constante de encorajamento e inspiração. Sua crença inabalável em minhas habilidades me deu confiança para perseguir minha paixão por escrever. Seu amor e apoio têm sido minha luz guia, e sou eternamente grata por sua presença em minha vida.

Para minha filha, Flor Di Meglio, sua paciência e compreensão foram notáveis. Apesar das incontáveis horas que dediquei a este livro, você sempre esteve ao meu lado, oferecendo apoio inabalável e amor incondicional. Sua presença traz alegria à minha vida, e dedico este livro a você como prova da força e resiliência que demonstrou ao longo deste processo.

Finalmente, aos meus pacientes, que têm sido minha maior fonte de inspiração. Ao longo dos últimos 21 anos de atendimento clínico personalizado, você confiou a mim seu bem-estar, permitindo-me testemunhar o incrível espírito humano e o poder de cura. Suas histórias, lutas e triunfos me moldaram pessoal e profissionalmente. É a vocês, meus queridos pacientes, que dedico este livro, com a esperança de que possa trazer consolo, conhecimento e fortalecimento a outras pessoas que enfrentam desafios semelhantes.

Ao Dr. Giacomo Di Meglio, Flor Di Meglio e meus pacientes, obrigado por serem a força motriz por trás desse esforço. Este livro é um tributo ao amor, apoio e inspiração que vocês trouxeram para minha vida, e tenho a honra de dedicá-lo a cada um de vocês.

APRESENTAÇÃO

Sou a Dra. Sandra Mendonça, nutricionista e especialista em Nutrição Clínica com 21 anos de experiência. Minha jornada no campo da nutrição começou por necessidade pessoal. Quando adolescente, lutei contra o ganho de peso, o que não apenas afetou meu bem-estar físico, mas também afetou minha auto-estima. Eu me sentia inchada e sofria bullying e, apesar de tentar várias dietas, não encontrava soluções duradouras.

Foi durante esse período desafiador que descobri o campo da nutrição e decidi segui-lo como um meio de resolver meu próprio problema. Mal sabia eu que esta decisão me levaria a apaixonar-me pelo fascinante e intrincado universo que é o corpo humano. Através de meus estudos e experiências, adquiri um conhecimento profundo sobre nutrição e seu profundo impacto em nosso bem-estar.

Ao longo dos anos, tive o privilégio de atender milhares de pessoas que, como eu, já haviam tentado inúmeros métodos de emagrecimento sem sucesso. Testemunhar a alegria e a transformação de meus pacientes ao perderem triunfantemente o excesso de peso tem sido incrivelmente recompensador. Essas experiências reforçaram minha crença de que nossa saúde é nosso bem mais precioso.

Acredito firmemente que a perda de peso deve ser abordada da maneira certa, priorizando não apenas o número na balança, mas também nosso bem-estar geral. Neste livro, meu objetivo final é capacitá-lo com consciência nutricional, ajudando-o a entender como seu corpo funciona e fornecendo-lhe as ferramentas para viver uma vida plena e saudável.

Juntos, vamos nos aprofundar na intrincada relação entre nutrição, função celular e controle de peso. Ao obter uma compreensão mais profunda das necessidades do seu corpo e de seus intrincados mecanismos, você será capaz de fazer escolhas informadas que promovam a perda de peso duradoura e a saúde geral.

Junte-se a mim nesta jornada em direção a um futuro mais saudável, onde a perda de peso é alcançada nutrindo seu corpo, adotando mudanças sustentáveis no estilo de vida e priorizando seu bem-estar. Juntos, vamos desvendar os segredos para uma saúde ideal e criar uma vida de vitalidade e realização.

PERCA PESO REPROGRAMANDO TEU CORPO ELIMINANDO CÉLULAS ALTERDAS.

Indice:

1 Introdução:

Em um mundo onde a busca por saúde e bem-estar é muitas vezes ofuscada por dietas da moda e soluções rápidas, é hora de embarcar em uma jornada transformadora que vai além dos números em uma escala. Bem-vindo a uma abordagem holística que não apenas ajuda você a perder quilos indesejados, mas também o capacita a eliminar células alteradas por meio do poder dos alimentos. Este livro é o seu guia para nutrir seu corpo, recuperar sua saúde e alcançar a perda de peso sustentável que anda de mãos dadas com o verdadeiro bem-estar.

Vivemos em uma era em que o impacto de nossas escolhas alimentares vai muito além dos números de um contador de calorias. Pesquisas emergentes revelaram a profunda influência de nossas escolhas alimentares nas próprias células que compõem nossos corpos. Tornou-se cada vez mais claro que nossas dietas modernas, carregadas de alimentos processados, açúcares refinados e aditivos artificiais, podem perturbar o delicado equilíbrio dentro de nossas células, abrindo caminho para inúmeras preocupações com a saúde. Ao longo dos meus 21 anos como nutricionista clínica, tive o privilégio de presenciar transformações incríveis na vida de inúmeras pessoas.

Pacientes que chegavam sobrecarregados com exames bioquímicos elevados, corpos inflamados, níveis de energia esgotados e uma sensação de desesperança. Testemunhei inúmeras pessoas lutando contra as consequências de dietas da moda e tentativas insustentáveis de perda de peso.

Pacientes que buscavam consolo nas promessas de resultados rápidos e soluções temporárias, apenas para se verem presos em um cíclo vicioso de desapontamento e frustração.

Eu vi em primeira mão o preço que essas experiências podem causar no bem-estar físico e emocional de uma pessoa.

Mas há esperança! Portanto, acredito que é imperativo estabelecer uma base sólida antes de embarcar em qualquer jornada de saúde.

Ao aproveitar o notável potencial de alimentos integrais e ricos em nutrientes, temos o poder de redefinir nossos corpos no nível celular. Por meio de intervenções dietéticas estratégicas, podemos criar um ambiente que apoie a eliminação de células alteradas, rejuvenesça nossos sistemas e promova a perda de peso sustentável.

Não falaremos apenas do especto físico, aqui contém uma abordagem holística para o bem-estar.

Os pacientes experimentaram uma mudança de mentalidade ao adotarem o autocuidado, nutrirem uma relação positiva com a comida e incorporarem movimento e relaxamento em suas rotinas diárias.

Suas transformações não eram apenas evidentes nos números da balança; eles irradiavam de dentro, refletidos em seus níveis de energia, marcadores bioquímicos aprimorados e renovado senso de vitalidade.

É o profundo impacto dessas experiências que me levaram a compartilhar esse conhecimentos e sabedoria com você neste livro. Meu objetivo é capacitá-lo a embarcar em sua própria jornada transformadora, munido de insights e estratégias práticas que provaram ser bem-sucedidas para muitos.

Esses pacientes, assim como você, embarcaram em uma jornada de autodescoberta, dispostos a desafiar e mudar os hábitos que os impediam de alcançar seus objetivos. Foi uma jornada que foi além do desejo superficial de perder peso; foi uma jornada para recuperar sua saúde, vitalidade e entusiasmo pela vida.

Agora é a hora de recuperar sua saúde, revitalizar seu corpo e embarcar em uma jornada transformadora para um bem-estar duradouro. Juntos, vamos aproveitar o poder dos alimentos para eliminar células alteradas, eliminar o excesso de peso e desbloquear a versão vibrante e energética de nós mesmos que existe dentro de nós.

Os capítulos iniciais deste livro irão guiá-lo através do processo vital de regeneração de suas células através do poder dos alimentos. Ao longo destas páginas, você descobrirá estratégias práticas, insights baseados em evidências científicas para apoiar sua jornada rumo à eliminação de células alteradas e à perda de peso sustentável.

Mas, além disso, você também encontrará orientações sobre como cultivar uma mentalidade positiva, abraçar o autocuidado e cultivar um relacionamento saudável com a comida.

Você está pronto para nutrir, transformar e abraçar uma vida mais saudável e vibrante? Vamos embarcar nessa jornada juntos!

2 Como este livro irá ajudar você.

Compreendendo a ciência: o livro explicará a ciência por trás do ganho e perda de peso, ajudando você a entender os princípios fundamentais de como seu corpo processa os alimentos e armazena a gordura. Ao entender esses mecanismos, você pode tomar decisões mais informadas e desenvolver estratégias que se alinhem com os processos naturais do seu corpo.

Reprogramando sua mentalidade: o livro irá aprofundar o poder da mentalidade e o papel que ela desempenha na obtenção de perda de peso sustentável. Você aprenderá estratégias para mudar sua mentalidade de uma abordagem restritiva e de curto prazo para uma perspectiva positiva e fortalecedora de longo prazo. Essa mudança ajudará você a superar a autossabotagem, desenvolver a autocompaixão e cultivar uma mentalidade resiliente que apoie suas metas de perda de peso.

Nutrindo seu corpo: você descobrirá a importância de uma nutrição balanceada e aprenderá como criar um plano de alimentação saudável que atenda às suas necessidades e preferências individuais. O livro fornecerá orientações sobre a compreensão de macronutrientes e micronutrientes, estratégias de controle de porções, preparação de refeições e técnicas de planejamento para abastecer seu corpo com os nutrientes certos enquanto desfruta de uma rotina alimentar satisfatória e sustentável.

Construindo um Estilo de Vida Ativo: O livro enfatizará os benefícios da atividade física regular e o guiará na busca de exercícios que você goste. Você aprenderá como incorporar exercícios em sua rotina diária, seja por meio de exercícios cardiovasculares, treinamento de força ou outras atividades que se alinhem com seus interesses e capacidades. O livro também abordará a importância do descanso e da recuperação para obter os melhores resultados.

Reprogramando seus hábitos: Os hábitos desempenham um papel crucial na formação de nossos comportamentos, e o livro o ajudará a identificar e transformar hábitos não saudáveis em saudáveis. Você aprenderá técnicas práticas para se libertar de velhos padrões, construir novos hábitos sustentáveis e gerenciar o estresse com eficiência. Ao reprogramar seus hábitos, você criará um ambiente favorável para sua jornada de perda de peso.

Lidando com os gatilhos emocionais: a alimentação emocional e outros fatores psicológicos podem afetar significativamente os esforços de perda de peso. O livro fornecerá informações sobre como reconhecer padrões emocionais de alimentação, lidar com estresse, ansiedade e depressão e desenvolver resiliência emocional. Ao abordar esses gatilhos emocionais, você desenvolverá maneiras mais saudáveis de gerenciar suas emoções e evitar que elas atrapalhem seu progresso.

Reprogramando seu ambiente: Seu ambiente físico pode influenciar suas escolhas e comportamentos alimentares. O livro oferecerá estratégias para criar um ambiente doméstico favorável, fazendo escolhas conscientes ao jantar fora ou participar de reuniões sociais e superar as tentações alimentares. Essas técnicas o ajudarão a navegar com sucesso em seu ambiente e a manter o controle de suas metas de perda de peso.

Manutenção de peso sustentável: o livro irá guiá-lo na transição da perda de peso para a manutenção do peso, garantindo que seu progresso suado perdure a longo prazo. Você obterá insights sobre estratégias para manter seus hábitos saudáveis, comemorando marcos e vitórias fora da escala e desfrutando de um estilo de vida equilibrado que promove o bem-estar geral.

Seguindo os princípios e as práticas descritas neste livro, você estará equipado com as ferramentas e o conhecimento para reprogramar seu corpo, transformar sua relação com a comida e os exercícios e alcançar o sucesso na perda de peso sustentável. Isso o capacitará a fazer mudanças duradouras, melhorar sua saúde geral e viver uma vida mais feliz e gratificante.

3 Por que as dietas tradicionais falham.

As dietas tradicionais geralmente falham por vários motivos.

Natureza Restritiva: Muitas dietas tradicionais se concentram na restrição severa de calorias ou na eliminação de grupos inteiros de alimentos. Essa abordagem pode levar a sentimentos de privação e dificultar a adesão à dieta a longo prazo. Dietas restritivas geralmente são insustentáveis e podem levar a desejos, compulsão alimentar e, finalmente, ao abandono total da dieta.

Mentalidade de curto prazo: as dietas tradicionais geralmente têm uma mentalidade de curto prazo, concentrando-se apenas na rápida perda de peso, em vez de mudanças no estilo de vida a longo prazo. Essa abordagem tende a ignorar a importância de hábitos sustentáveis e a manutenção de um peso saudável além do período inicial da dieta.

Falta de individualização: as dietas tradicionais tendem a oferecer uma abordagem de tamanho único, ignorando o fato de que o corpo de cada pessoa é único e tem diferentes necessidades nutricionais. O que funciona para uma pessoa pode não funcionar para outra. Ignorar as diferenças individuais pode levar à frustração e à incapacidade de alcançar os resultados desejados.

Ignorando Fatores Psicológicos: Muitas dietas tradicionais ignoram os fatores psicológicos da perda de peso. Comer emocional, estresse e problemas psicológicos subjacentes podem afetar significativamente os comportamentos alimentares. Deixar de abordar esses fatores pode prejudicar o progresso e dificultar a sustentação da perda de peso.

Metabolismo lento: dietas tradicionais que dependem de restrição calórica severa podem retardar o metabolismo. Quando o corpo recebe menos calorias, ele pode entrar em modo de fome, conservando energia e tornando a perda de peso mais desafiadora.

Falta de educação nutricional e apoio: As dietas tradicionais geralmente se concentram apenas em planos de refeições e regimes de exercícios, negligenciando a educação dos indivíduos sobre nutrição adequada e escolhas de estilo de vida saudáveis. Sem uma compreensão sólida de nutrição e suporte, os indivíduos acabam tomando decisões equivocadas que ao invés de melhorar acabam piorando a situação.

É importante observar que, embora as dietas tradicionais possam ter suas limitações, a adoção de uma abordagem holística que considere as necessidades individuais, as mudanças no estilo de vida e a sustentabilidade a longo prazo pode levar a resultados de perda de peso mais bem-sucedidos e duradouros.

4 O Poder da Reprogramação.

No contexto da perda de peso, "reprogramação" refere-se à capacidade de fazer mudanças deliberadas em seus hábitos, mentalidade e comportamentos, a fim de alcançar um sucesso de perda de peso sustentável e de longo prazo. Ele reconhece o fato de que nossos corpos e mentes foram programados ao longo do tempo por meio de várias influências, como genética, educação, ambiente e comportamentos aprendidos.

"O poder da reprogramação" destaca o potencial transformador de remodelar intencionalmente esses elementos de programação para apoiar suas metas de perda de peso. Ao reprogramar conscientemente seu corpo e mente, você pode criar novos padrões, hábitos e crenças que se alinham com um estilo de vida mais saudável e promovem a perda de peso.

Os principais fatores do poder da reprogramação incluem:

Mudança de mentalidade: a reprogramação envolve mudar sua mentalidade de uma mentalidade de solução rápida e de curto prazo para uma abordagem sustentável de longo prazo. Significa abraçar a ideia de que a perda de peso não é apenas sobre mudanças temporárias, mas sobre a adoção de uma nova maneira de pensar e viver.

Modificação de Comportamento: A reprogramação enfatiza a importância de modificar comportamentos que contribuem para o ganho de peso ou dificultam a perda de peso. Envolve identificar hábitos pouco saudáveis e substituí-los por ações positivas que promovam a saúde.

Transformação emocional: a reprogramação reconhece o papel das emoções no controle do peso. Envolve abordar padrões emocionais de alimentação, desenvolver mecanismos de enfrentamento mais saudáveis para o estresse e gatilhos emocionais e promover a autoconsciência e a autocompaixão.

Hábitos e Rituais: A reprogramação envolve a criação intencional de novos hábitos e rituais que apoiem seus objetivos de perda de peso. Enfatiza o poder de ações consistentes e sustentáveis, como exercícios regulares, alimentação consciente e sono adequado.

Influência Ambiental: A reprogramação leva em consideração o impacto do seu ambiente em suas escolhas e comportamentos. Envolve remodelar seu ambiente físico, como sua casa e local de trabalho, para tornar as escolhas saudáveis mais fáceis e acessíveis.

Ao aproveitar o poder da reprogramação, você pode se libertar de velhos padrões, superar obstáculos e criar mudanças duradouras em seu relacionamento com a comida, exercícios e bem-estar geral. Ele permite que você assuma o controle de seu corpo e o transforme em uma versão mais saudável, feliz e vibrante de si mesmo.

5 O que são células alteradas e por que elas afetam o teu peso.

Nosso corpo é composto por trilhões de células, cada uma com uma função e um papel específico a desempenhar. No entanto, às vezes essas células podem ser alteradas devido a vários motivos, como estresse, fatores ambientais, estilos de vida pouco saudáveis e muito mais. As células alteradas se comportam de maneira diferente das células normais e podem causar vários problemas de saúde, incluindo obesidade.

Quando nosso corpo tem muitas células alteradas, isso pode levar ao ganho de peso, mesmo que sigamos uma dieta saudável e façamos exercícios regularmente. Células alteradas, também conhecidas como células anormais ou mutantes, referem-se a células que sofreram alterações em sua estrutura ou função em comparação com células saudáveis. Essas alterações podem ocorrer devido a vários fatores, como mutações genéticas, exposição a toxinas, inflamação crônica ou maus hábitos de vida.

Quando se trata de peso, as células alteradas podem ter um impacto de algumas maneiras diferentes:

Interrupção do Metabolismo: Células alteradas podem interromper os processos metabólicos no corpo, levando a desequilíbrios na produção e utilização de energia. Isso pode afetar a eficiência com que seu corpo queima calorias, podendo levar ao ganho de peso ou à dificuldade em perder peso.

Desequilíbrios hormonais: algumas células alteradas podem produzir hormônios ou moléculas de sinalização que interferem no equilíbrio hormonal normal do corpo. Os hormônios desempenham um papel crucial na regulação do apetite, metabolismo e armazenamento de gordura. Quando esses hormônios são interrompidos, pode contribuir para o ganho de peso ou dificuldade em manter um peso saudável.

Inflamação e armazenamento de gordura: Certas células alteradas podem desencadear inflamação crônica no corpo. A inflamação crônica tem sido associada ao ganho de peso e ao acúmulo de gordura visceral, que é a gordura armazenada em torno dos órgãos na região abdominal. Esse tipo de gordura está associado a um risco aumentado de problemas de saúde relacionados à obesidade.

Ao direcionar e eliminar essas células alteradas por meio de intervenções dietéticas e de estilo de vida, acredita-se que os mecanismos naturais de regulação do peso do corpo possam ser restaurados. O método de perda de peso Sandra Mendonça concentra-se na identificação e eliminação de alimentos que podem contribuir para anormalidades e inflamações celulares, ao mesmo tempo em que promove uma dieta rica em nutrientes que apóia a regeneração celular e a saúde geral.

É importante observar que o conceito de células alteradas e seu impacto no peso é uma área de pesquisa em evolução, e mais estudos são necessários para entender completamente as complexidades desses processos. Consultar um profissional de saúde ou nutricionista qualificado, pode fornecer orientação personalizada e suporte para navegar nesses tópicos.

6 Entendendo o papel da genético no ganho de peso.

A genética desempenha um papel significativo no ganho de peso e obesidade. Embora seja verdade que o peso é influenciado por uma combinação de fatores genéticos e ambientais, certas variações genéticas podem contribuir para a predisposição de um indivíduo para ganhar peso. Aqui estão alguns pontos-chave a serem considerados ao entender o papel da genética no ganho de peso:

Predisposição Genética: Alguns indivíduos podem herdar variações genéticas que os tornam mais suscetíveis ao ganho de peso ou obesidade. Esses fatores genéticos podem afetar o metabolismo, a regulação do apetite, o armazenamento de gordura e o gasto de energia. Variações em genes como FTO, MC4R e POMC têm sido associadas ao aumento do risco de obesidade.

Taxa metabólica: diferenças genéticas podem influenciar a taxa metabólica basal (TMB), que é o número de calorias que seu corpo queima em repouso. Algumas pessoas têm uma TMB naturalmente maior ou menor, afetando sua capacidade de queimar calorias com eficiência.

Armazenamento e distribuição de gordura: a genética também pode influenciar onde e como a gordura é armazenada no corpo. Alguns indivíduos podem ter uma predisposição genética para armazenar excesso de gordura em certas áreas, como abdômen ou quadris, o que pode afetar o peso e a forma geral do corpo.

Regulação do Apetite e da Saciedade: Fatores genéticos podem afetar o controle do apetite e os sinais de saciedade. Alguns indivíduos podem ter variações genéticas que afetam seus sinais de fome e saciedade, tornando mais difícil regular a ingestão de alimentos e manter um peso saudável.

Interações gene-ambiente: é importante observar que a genética interage com fatores ambientais, como dieta, atividade física e escolhas de estilo de vida. Embora a genética possa predispor os indivíduos ao ganho de peso, os fatores do estilo de vida ainda podem desempenhar um papel significativo no controle geral do peso.

Compreender o papel da genética no ganho de peso pode ajudar os indivíduos a desenvolver uma abordagem mais personalizada para sua jornada de controle de peso. Embora a genética possa influenciar o peso, é crucial lembrar que fatores de estilo de vida, como qualidade da dieta, atividade física e hábitos gerais, também desempenham um papel importante na manutenção de um peso saudável.

Trabalhar com um profissional de saúde, como um nutricionista ou conselheiro genético, pode fornecer orientação personalizada e suporte para navegar na complexa relação entre genética e peso. Eles podem ajudar a desenvolver um plano personalizado que considere fatores genéticos e modificações no estilo de vida para um controle de peso ideal.

É importante abordar o controle de peso de forma holística, considerando fatores genéticos e ambientais, para criar uma abordagem sustentável e equilibrada para um estilo de vida saudável.

7   Como as células alteradas afetam nosso metabolismo.

Células alteradas podem afetar o metabolismo por meio de vários mecanismos, potencialmente levando a mudanças no gasto de energia, processamento de nutrientes e regulação hormonal. Aqui estão algumas maneiras pelas quais as células alteradas podem afetar o metabolismo:

Produção de energia prejudicada: células alteradas podem interromper o funcionamento normal das estruturas celulares responsáveis pela produção de energia, como as mitocôndrias. As mitocôndrias são conhecidas como a usina de força da célula, pois produzem trifosfato de adenosina (ATP), a moeda de energia do corpo.

Quando as células alteradas afetam a função mitocondrial, isso pode levar à redução da produção de energia e à desaceleração metabólica geral.Desequilíbrios hormonais: algumas células alteradas podem produzir e liberar hormônios ou moléculas de sinalização que interferem no equilíbrio hormonal do corpo.

Os hormônios desempenham um papel crucial na regulação do metabolismo, apetite e armazenamento de gordura. Quando a produção ou atividade desses hormônios é interrompida, pode levar à desregulação metabólica, podendo causar ganho de peso ou dificuldade em manter um peso saudável.

Inflamação e resistência à insulina: células alteradas podem desencadear inflamação crônica no corpo, o que pode levar à resistência à insulina – uma condição em que as células se tornam menos responsivas aos efeitos da insulina, um hormônio que regula os níveis de açúcar no sangue. A resistência à insulina pode interromper o metabolismo da glicose e levar a níveis elevados de açúcar no sangue e ganho de peso.

Processamento de nutrientes alterados: algumas células alteradas podem afetar a maneira como os nutrientes são metabolizados e processados no corpo. Por exemplo, eles podem interferir na quebra e utilização de carboidratos, gorduras e proteínas, levando potencialmente a desequilíbrios no metabolismo de nutrientes e na regulação de energia.

Sinalização celular interrompida: células alteradas podem interromper as vias de sinalização celular envolvidas no metabolismo. Essas vias desempenham um papel crucial na regulação de vários processos metabólicos, como detecção de nutrientes, gasto de energia e metabolismo de gordura. Quando essas vias de sinalização são interrompidas, pode levar à disfunção metabólica e alteração na regulação do peso.

É importante notar que o impacto das células alteradas no metabolismo pode variar dependendo das alterações específicas e de sua localização no corpo. Além disso, fatores individuais, como genética e escolhas de estilo de vida, também podem influenciar como as células alteradas afetam o metabolismo.

Compreender a relação entre células alteradas e o metabolismo é uma área de pesquisa complexa e em evolução.

8 Entenda sobre o Jejum e a autofagia.

O jejum é uma prática que envolve abster-se voluntariamente de alimentos ou de certos tipos de alimentos por um período específico. Embora existam algumas pesquisas emergentes sugerindo benefícios potenciais do jejum na saúde celular e no metabolismo, é importante abordar o tópico com cautela e considerar as circunstâncias individuais.

Autofagia: O jejum tem sido associado ao processo de autofagia, que é o mecanismo natural do corpo para reparo e reciclagem celular. Durante o jejum, quando o corpo está em um estado de baixa disponibilidade de energia, a autofagia pode ser regulada positivamente. Este processo ajuda a remover componentes celulares danificados, incluindo células potencialmente alteradas, e promove a renovação celular.

Inflamação reduzida: O jejum tem sido associado a uma redução nos níveis de inflamação no corpo. A inflamação crônica está ligada a várias condições de saúde, incluindo distúrbios metabólicos. Ao reduzir a inflamação, o jejum pode ajudar a criar um ambiente mais favorável para a saúde celular e processos metabólicos.

Sensibilidade à insulina: O jejum demonstrou melhorar a sensibilidade à insulina, que é a capacidade do corpo de responder e utilizar a insulina de forma eficaz. A sensibilidade aumentada à insulina pode ajudar a melhorar o controle do açúcar no sangue, reduzir o risco de resistência à insulina e potencialmente melhorar a saúde metabólica.

Perda de peso: o jejum pode levar à restrição calórica, que, por sua vez, pode resultar em perda de peso. O excesso de peso e a obesidade estão associados ao aumento da inflamação e disfunção metabólica. Ao promover a perda de peso, o jejum pode impactar positivamente a saúde celular e o metabolismo.

É importante observar que o jejum pode não ser adequado ou seguro para todos. Fatores como condições de saúde subjacentes, medicamentos e necessidades nutricionais individuais devem ser considerados. Recomenda-se consultar um profissional de saúde, como um nutricionista ou médico, antes de iniciar qualquer regime de jejum.

Além disso, o jejum deve ser abordado com atenção e equilíbrio. É crucial priorizar a ingestão adequada de nutrientes durante os períodos de alimentação para apoiar a saúde geral e prevenir deficiências nutricionais.

Além disso, embora o jejum possa trazer benefícios potenciais, não é um método garantido para direcionar e eliminar células alteradas especificamente. O impacto específico do jejum nas células alteradas e sua eliminação requer mais pesquisas. Por este motivo, prefiro utilizar a estratégia do Jejum de alguns alimentos de acordo com o quadro de cada paciente.

No geral, o jejum pode ser considerado uma ferramenta dentro de uma abordagem abrangente para promover a saúde celular e apoiar o metabolismo. Deve ser implementado com orientação adequada e consideração individualizada dos fatores de saúde.

9 A IMPORTANCIA DOS ALIMENTOS RICOS EM NUTRIENTES PARA REGENRAÇÃO CELULAR

Alimentos ricos em nutrientes desempenham um papel crucial no apoio à regeneração celular e à saúde geral. Aqui estão algumas das principais razões pelas quais os alimentos ricos em nutrientes são importantes para a regeneração celular:

Blocos de Construção para Células: As células requerem vários nutrientes, incluindo proteínas, carboidratos, gorduras, vitaminas, minerais e fitoquímicos, para funcionar adequadamente e se regenerar. Esses nutrientes fornecem os blocos de construção essenciais para o crescimento, reparo e replicação celular.

Síntese de DNA e RNA: A ingestão adequada de nutrientes, especialmente vitaminas e minerais, é essencial para a síntese de DNA e RNA, que são processos críticos envolvidos na divisão e regeneração celular. Nutrientes como folato, vitamina B12 e zinco são necessários para a replicação e reparo adequados do DNA.

Proteção Antioxidante: Alimentos ricos em nutrientes, particularmente aqueles ricos em antioxidantes, ajudam a proteger as células do estresse oxidativo e danos causados por radicais livres nocivos. Antioxidantes, como vitaminas C e E, beta-caroteno e selênio, neutralizam os radicais livres e reduzem os danos celulares, promovendo uma regeneração celular mais saudável e eficiente.

Produção de energia: nutrientes, especialmente carboidratos e gorduras, servem como fontes primárias de energia para as células. O fornecimento adequado de energia é crucial para a manutenção e regeneração das células, bem como para o funcionamento geral dos tecidos e órgãos.

Comunicação e sinalização celular: nutrientes como ácidos

graxos ômega-3, aminoácidos e certas vitaminas atuam como moléculas de sinalização no corpo, apoiando a comunicação celular adequada e as vias de sinalização. Isso ajuda a regular vários processos celulares, incluindo crescimento, diferenciação e regeneração.

Função imunológica: Uma dieta bem balanceada e rica em nutrientes é essencial para um sistema imunológico saudável. As células imunes, como os glóbulos brancos, dependem de uma variedade de nutrientes, incluindo vitaminas A, C, D, E e zinco, para funcionar de maneira ideal. Um sistema imunológico eficiente é vital para a regeneração celular adequada e defesa contra infecções ou doenças.

Para promover a regeneração celular e a saúde geral, recomenda-se o consumo de uma variedade de alimentos ricos em nutrientes. Esses incluem:

Frutas e vegetais frescos: Ricos em vitaminas, minerais, fibras e antioxidantes.

Grãos integrais: fornecem carboidratos complexos, fibras e vitaminas do complexo B.

Proteínas magras: essenciais para o crescimento e reparo celular, incluindo fontes como carnes magras, aves, peixes, legumes e nozes.

Gorduras saudáveis: encontradas em alimentos como abacate, nozes, sementes e azeite de oliva, fornecendo ácidos graxos essenciais e vitaminas lipossolúveis.

Laticínios ou alternativas lácteas: Boas fontes de cálcio e outros nutrientes importantes para a função celular.
Hidratação adequada: A água é essencial para a hidratação celular e funcionamento ideal.

Lembre-se, uma dieta equilibrada e variada, juntamente com um estilo de vida saudável, incluindo atividade física regular, sono suficiente para o controle do estresse, apoia a saúde celular geral, a regeneração e o bem-estar. Consultar um nutricionista registrado pode fornecer orientação personalizada com base em suas necessidades e objetivos dietéticos específicos.

10 Eliminando Células Alteradas do Corpo.

Processos celulares naturais: O corpo possui mecanismos naturais, como apoptose (morte celular programada) e autofagia (reciclagem celular), que ajudam a eliminar células danificadas ou anormais. Manter a saúde geral e apoiar esses processos naturais por meio de uma dieta balanceada, exercícios regulares e redução do estresse pode ajudar na eliminação de células alteradas.

Manutenção da Função Celular Saudável:

Dieta balanceada: Consumir uma dieta rica em nutrientes que inclui uma variedade de frutas, vegetais, grãos integrais, proteínas magras e gorduras saudáveis fornece nutrientes essenciais para a função e regeneração celular saudável.

Alimentos ricos em antioxidantes: Alimentos ricos em antioxidantes, como frutas vermelhas, folhas verdes, nozes e sementes, ajudam a proteger as células do estresse oxidativo e a manter sua saúde.

Fatores de estilo de vida: Manter um estilo de vida saudável é crucial para apoiar a função celular. Isso inclui atividade física regular, sono suficiente, controle do estresse e evitar hábitos nocivos como fumar e consumo excessivo de álcool.

Check-ups regulares: check-ups e exames médicos regulares podem ajudar a monitorar a saúde geral, detectar possíveis problemas e resolvê-los em tempo hábil.

É importante lembrar que a abordagem específica para eliminar células alteradas dependerá da condição subjacente e deve ser discutida com profissionais de saúde que podem fornecer orientação adequada com base em circunstâncias individuais.

Além disso, esta informação destina-se a fornecer uma compreensão geral e não deve substituir o aconselhamento médico personalizado. Consultar profissionais de saúde, como oncologistas, geneticistas ou especialistas em condições específicas, fornecerá a você as informações mais precisas e personalizadas para sua situação.

Teste genético: O teste genético pode ajudar a identificar alterações genéticas específicas ou mutações associadas a certas doenças ou condições. No entanto, é importante consultar um profissional de saúde ou um conselheiro genético para entender as implicações dos resultados do teste.

Biomarcadores: Os biomarcadores são indicadores mensuráveis que podem sinalizar a presença de células alteradas ou atividade celular anormal. A pesquisa está em andamento para identificar biomarcadores específicos associados a várias condições, e seu uso para detecção precoce e terapias direcionadas está evoluindo.

11   Colhendo os benefícios da perda de peso.

Colher os benefícios da perda de peso vai além de meras melhorias estéticas. Quando nos concentramos na eliminação de células alteradas e na obtenção de uma perda de peso sustentável, podemos experimentar inúmeros resultados positivos que melhoram nosso bem-estar geral e longevidade. Aqui estão alguns dos principais benefícios que você pode esperar:

Marcadores de saúde aprimorados: Ao perder o excesso de peso e eliminar células alteradas, você pode experimentar melhorias em vários marcadores de saúde. Estes podem incluir redução da pressão arterial, melhor controle do açúcar no sangue, níveis mais baixos de colesterol e diminuição da inflamação. Essas mudanças contribuem para um risco reduzido de doenças crônicas, como doenças cardíacas, diabetes tipo 2 e certos tipos de câncer.

Níveis de energia aprimorados: perder peso e promover a saúde celular pode levar ao aumento dos níveis de energia. À medida que você elimina o excesso de gordura corporal e otimiza a função celular, pode sentir-se mais enérgico, alerta e capaz de se envolver em atividades físicas com maior facilidade. Níveis de energia aprimorados podem impactar positivamente sua produtividade, humor e qualidade de vida geral.

Metabolismo melhorado: A perda de peso e a eliminação de células alteradas podem apoiar um metabolismo mais saudável. Ao focar em alimentos ricos em nutrientes, atividade física regular e hábitos de vida saudáveis, você pode aumentar sua taxa metabólica, otimizar a utilização de nutrientes e promover um gasto energético eficiente. Um metabolismo saudável pode ajudar no controle de peso e na vitalidade geral.

Redução do risco de doenças: O excesso de peso e células alteradas estão associados a um risco aumentado de desenvolver doenças crônicas. Ao perder peso e promover a saúde celular, você pode reduzir significativamente o risco de doenças relacionadas à obesidade, como doenças cardíacas, diabetes tipo 2, certos tipos de câncer e problemas nas articulações. A perda de peso também pode aliviar a tensão nos órgãos e promover uma melhor função geral dos órgãos.

Bem-estar emocional aprimorado: a perda de peso pode ter um impacto positivo no bem-estar emocional e na autoestima.

À medida que você atinge suas metas de perda de peso e melhora sua saúde, pode sentir maior confiança, autoaceitação e imagem corporal aprimorada. Esses benefícios psicológicos podem contribuir para uma visão mais positiva da vida e melhorar o bem-estar mental.

Lembre-se, a perda de peso sustentável e a eliminação de células alteradas requerem uma abordagem abrangente que inclua uma dieta equilibrada e nutritiva, atividade física regular, controle do estresse e hábitos de vida saudáveis. É importante abordar a perda de peso com paciência, consistência e foco no bem-estar a longo prazo.

Nota da Nutri: Consultar um nutricionista registrado pode fornecer orientação e suporte personalizados em sua jornada de perda de peso, garantindo que você alcance seus objetivos de maneira segura e eficaz.

12   Reprogramando seu organismo para perder peso, eliminando células alteradas do corpo.

Reprogramar o metabolismo é uma estratégia poderosa para facilitar a perda de peso e eliminar as células alteradas do corpo. Ao fazer mudanças direcionadas em sua dieta e estilo de vida, você pode otimizar seus processos metabólicos e alcançar resultados sustentáveis. Aqui estão algumas estratégias importantes a serem consideradas:

Dieta balanceada e rica em nutrientes: concentre-se em consumir uma dieta balanceada que inclua uma variedade de alimentos integrais, como frutas, vegetais, proteínas magras, grãos integrais e gorduras saudáveis. Esses alimentos ricos em nutrientes fornecem as vitaminas, minerais e antioxidantes essenciais necessários para a saúde e função celular.

Controle de Porções: Preste atenção ao tamanho das porções e pratique uma alimentação consciente. O controle de porções pode ajudá-lo a gerenciar a ingestão de calorias e apoiar a perda de peso, nos próximos capítulos falarei disso mais profundamente.

Alimentos Ricos em Proteínas: Inclua proteína adequada em sua dieta, pois ajuda a promover a saciedade, manter a massa muscular e apoiar a reparação e regeneração celular. Boas fontes de proteína incluem carnes magras, aves, peixes, legumes, tofu e laticínios.

Atividade física regular: pratique exercícios regulares para aumentar seu metabolismo, queimar calorias e apoiar os esforços gerais de perda de peso. Incorpore exercícios cardiovasculares, como caminhada rápida ou ciclismo, e exercícios de treinamento de força para construir massa muscular magra.

Hidratação: Beba bastante água ao longo do dia para se manter hidratado. A água suporta a função metabólica adequada, ajuda na digestão e ajuda a regular o apetite.

Reduza os açúcares adicionados e os alimentos processados: limite ao máximo o consumo de alimentos ricos em açúcares adicionados, grãos refinados e ingredientes processados. Esses alimentos podem afetar negativamente o metabolismo, promover o ganho de peso e contribuir para a inflamação e alteração da função celular.

Sono adequado: Priorize o sono de qualidade, pois desempenha um papel crucial na regulação dos hormônios do apetite e no apoio à saúde metabólica geral. Apontar para 7-8 horas de sono por noite.

Controle do Estresse: O estresse crônico pode interromper os processos metabólicos e contribuir para o ganho de peso. Incorpore técnicas de gerenciamento de estresse, como atenção plena, meditação, exercícios de respiração profunda ou atividades que você goste.

Consistência e paciência: Lembre-se de que reprogramar seu metabolismo e alcançar uma perda de peso sustentável leva tempo. Seja consistente com seus hábitos saudáveis e mantenha-se comprometido com metas de longo prazo. Evite abordagens de solução rápida e adote uma abordagem gradual e sustentável para colher benefícios duradouros.

Procure orientação profissional: se você tiver problemas de saúde específicos ou precisar de orientação personalizada, consulte um nutricionista ou profissional de saúde especializado em metabolismo, nutrição e controle de peso. Eles podem fornecer conselhos e suporte personalizados durante toda a sua jornada.

Ao implementar essas estratégias, você pode reprogramar seu metabolismo para apoiar a perda de peso e promover a eliminação de células corporais alteradas. Lembre-se de que os resultados individuais podem variar e é essencial focar na saúde e no bem-estar geral, e não apenas no número da balança.

13 Medicina antienvelhecimento e regenerativa.

Otimização Nutricional: A nutrição adequada é crucial para o envelhecimento saudável e a longevidade. A medicina antienvelhecimento e regenerativa enfatiza a importância de uma dieta balanceada, rica em nutrientes essenciais, antioxidantes e compostos anti-inflamatórios. A otimização nutricional visa apoiar a saúde celular, reduzir o estresse oxidativo e otimizar a função metabólica.

Modificações no estilo de vida: A adoção de um estilo de vida saudável é fundamental para a medicina antienvelhecimento e regenerativa. Exercício regular, técnicas de controle do estresse, sono suficiente e evitar hábitos nocivos como fumar e consumo excessivo de álcool contribuem para o bem-estar geral e podem retardar o processo de envelhecimento.

Alongamento dos Telômeros: Os telômeros são capas protetoras nas extremidades dos cromossomos que naturalmente encurtam com cada divisão celular e envelhecimento. Telômeros encurtados estão associados ao envelhecimento celular e doenças relacionadas à idade. A pesquisa está em andamento para explorar as intervenções que podem retardar ou reverter o encurtamento dos telômeros, contribuindo potencialmente para os efeitos antienvelhecimento.

Abordagem personalizada: A medicina antienvelhecimento e regenerativa reconhece que cada indivíduo envelhece de forma diferente e as intervenções devem ser adaptadas às suas necessidades específicas. A medicina personalizada utiliza perfis genéticos, biomarcadores e outras ferramentas de diagnóstico para identificar fatores de risco individuais, otimizar tratamentos e monitorar o progresso.

Considerações éticas: Como em qualquer área médica, as considerações éticas são cruciais na medicina antienvelhecimento e regenerativa. É importante priorizar a segurança do paciente, garantir práticas baseadas em evidências e realizar pesquisas rigorosas para avaliar a eficácia e a segurança de várias intervenções.

Vale a pena notar que, embora a medicina antienvelhecimento e regenerativa ofereça abordagens promissoras, o campo ainda está evoluindo e algumas intervenções podem ser consideradas experimentais ou não amplamente acessíveis. Consultar profissionais de saúde especializados em medicina antienvelhecimento e regenerativa pode fornecer orientação personalizada e ajudar a navegar pelas opções disponíveis com base em circunstâncias individuais.

15 A ciência do ganho e perda de peso.

A ciência do ganho e perda de peso envolve a compreensão da complexa interação entre ingestão de energia, gasto de energia e processos metabólicos no corpo. Aqui estão alguns conceitos científicos importantes relacionados ao ganho e perda de peso:

Equilíbrio energético: o ganho ou perda de peso é determinado pelo equilíbrio entre a ingestão de energia (calorias consumidas por meio de alimentos e bebidas) e o gasto de energia (calorias queimadas por meio de atividade física e funções corporais básicas). Quando a ingestão de energia excede o gasto, ocorre ganho de peso, e quando o gasto de energia excede a ingestão, ocorre a perda de peso.

Taxa Metabólica Basal (TMB): A taxa metabólica basal refere-se à energia gasta pelo corpo em repouso para manter as funções corporais essenciais, como respiração, circulação e produção de células. A TMB é responsável pela maior parte do gasto energético e é influenciada por fatores como idade, sexo, composição corporal e genética.

Déficit e Excesso Calórico: Para perder peso, você precisa criar um déficit calórico, o que significa consumir menos calorias do que seu corpo necessita. Esse déficit força o corpo a usar a gordura armazenada como energia, resultando em perda de peso. Por outro lado, um excedente calórico ocorre quando você consome mais calorias do que seu corpo precisa, levando ao ganho de peso, pois o excesso de energia é armazenado como gordura.

Macronutrientes: Os macronutrientes são as três principais categorias de nutrientes necessários em grandes quantidades para o bom funcionamento corporal: carboidratos, proteínas e gorduras. Cada macronutriente tem um valor calórico diferente por grama (carboidratos e proteínas fornecem 4 calorias por grama, enquanto as gorduras fornecem 9 calorias por grama). Equilibrar a ingestão desses macronutrientes é importante para a saúde geral e o controle do peso.

Regulação hormonal: os hormônios desempenham um papel crucial na regulação do peso. A insulina, por exemplo, é liberada em resposta a níveis elevados de açúcar no sangue e promove o armazenamento de glicose na forma de gordura. A leptina é um hormônio que sinaliza a saciedade e regula o gasto energético, enquanto a grelina estimula a fome. Desequilíbrios nesses hormônios podem afetar o apetite, o metabolismo e a regulação do peso.

Armazenamento de gordura e lipólise: quando você consome mais calorias do que seu corpo precisa, o excesso de energia é armazenado como gordura no tecido adiposo. A lipólise é o processo pelo qual a gordura armazenada é decomposta e liberada na corrente sanguínea para ser usada como energia. A perda de peso ocorre quando o corpo utiliza a gordura armazenada através da lipólise.

Fatores genéticos e ambientais: Fatores genéticos podem influenciar a suscetibilidade de um indivíduo ao ganho ou perda de peso. Alguns indivíduos podem ter uma taxa metabólica naturalmente maior ou menor, enquanto outros podem ser mais predispostos a armazenar gordura. Fatores ambientais, como dieta, níveis de atividade física, estresse e padrões de sono, também desempenham um papel significativo no controle do peso.

16   Identificando os gatilhos do seu corpo.

Identificar os gatilhos do seu corpo é uma etapa essencial para entender os fatores que contribuem para seus comportamentos alimentares e desafios de controle de peso. Os gatilhos são as pistas ou estímulos que levam a certos pensamentos, emoções ou comportamentos relacionados à ingestão de alimentos. Ao reconhecer e abordar esses gatilhos, você pode desenvolver estratégias para gerenciá-los com eficácia. Aqui estão alguns passos para ajudá-lo a identificar os gatilhos do seu corpo:

Mantenha um diário alimentar e de humor: comece mantendo um registro detalhado de sua ingestão diária de alimentos, incluindo o que, quando e por que você come. Além disso, observe suas emoções, sensações físicas e quaisquer circunstâncias externas em torno de seus episódios alimentares. Este diário ajudará você a identificar padrões e conexões entre seus comportamentos alimentares e vários gatilhos.

Gatilhos emocionais: os gatilhos emocionais geralmente estão ligados a comportamentos alimentares. Preste atenção a situações ou emoções que levam a comer demais, comer emocionalmente ou usar a comida como um mecanismo de enfrentamento. Gatilhos emocionais comuns podem incluir estresse, tristeza, tédio, solidão ou ansiedade. Anote eventos ou sentimentos específicos que precedem esses episódios de alimentação.

Gatilhos ambientais: Os gatilhos ambientais referem-se a sinais externos que influenciam seus hábitos alimentares. Eles podem incluir pistas visuais como anúncios de comida, a presença de comida ao seu redor ou a disponibilidade de lanches não saudáveis. Identifique situações ou locais onde você acha difícil fazer escolhas alimentares saudáveis e observe os gatilhos específicos que levam a comportamentos alimentares pouco saudáveis.

Gatilhos Sociais: Situações sociais também podem afetar seus comportamentos alimentares. Considere como suas interações com outras pessoas influenciam suas escolhas alimentares. Você tende a comer demais quando janta fora com amigos ou familiares? Você é influenciado pelos hábitos alimentares ou comentários de outras pessoas sobre sua aparência? Reconheça quaisquer gatilhos sociais que contribuam para comer demais ou comportamentos pouco saudáveis.

Gatilhos relacionados ao tempo: certas horas do dia ou rotinas específicas podem se tornar gatilhos para comer. Preste atenção se você tem hábitos específicos, como lanches noturnos ou comer sem pensar enquanto assiste à TV. Anote os momentos ou situações em que você tende a se envolver nesses comportamentos e as razões subjacentes a eles.

17 Descobrindo padrões emocionais da alimentação.

Descobrir e compreender os padrões emocionais de alimentação é crucial para abordar os gatilhos emocionais subjacentes que contribuem para comportamentos alimentares pouco saudáveis. Comer emocional refere-se ao uso de alimentos como uma forma de lidar ou acalmar as emoções, em vez de nutrição física. Aqui estão alguns passos para ajudar a descobrir padrões emocionais de alimentação:

Autoconsciência: Desenvolva um senso elevado de autoconsciência quando se trata de seus comportamentos alimentares. Preste atenção nos momentos em que você se volta para a comida e pergunte a si mesmo se há emoções ou sentimentos presentes que possam estar influenciando suas escolhas alimentares.

Check-ins emocionais: Ao longo do dia, reserve alguns momentos para verificar suas emoções. Faça uma pausa e pergunte a si mesmo como está se sentindo naquele momento específico. Você está se sentindo estressado, ansioso, entediado, triste ou solitário? Reconheça e identifique as emoções que você está experimentando.

Registro no diário: mantenha um diário especificamente dedicado a explorar suas emoções e sua conexão com seus comportamentos alimentares. Anote seus sentimentos, pensamentos e circunstâncias em torno de seus episódios alimentares. Reflita sobre padrões e gatilhos comuns que surgem.

Identificação do gatilho: Procure situações, eventos ou pessoas específicas que tendem a desencadear uma alimentação emocional. Pode ser estresse no trabalho, conflitos nos relacionamentos, preocupações financeiras ou certas reuniões sociais. Anote esses gatilhos e as emoções que eles evocam.

Técnicas de consciência emocional: participe de atividades que o ajudem a cultivar a consciência emocional e regular suas emoções de maneira mais saudável. Isso pode incluir práticas como meditação, exercícios de respiração profunda, registro no diário ou busca de apoio de um terapeuta ou conselheiro.

Alimentação consciente: pratique uma alimentação consciente para desenvolver uma conexão mais profunda com os sinais de fome e saciedade do seu corpo. Desacelere ao comer, saboreie cada mordida e preste atenção ao sabor, textura e satisfação da comida. Isso pode ajudá-lo a diferenciar entre fome física e desejos emocionais.

Busque apoio: considere entrar em contato com um profissional de saúde, terapeuta ou nutricionista especializado . Eles podem fornecer orientação, apoio e técnicas para ajudá-lo a lidar e superar os padrões emocionais de alimentação.

Estratégias alternativas de enfrentamento: explore e desenvolva maneiras alternativas de lidar com suas emoções que não envolvam comida. Isso pode incluir praticar atividades físicas, praticar técnicas de relaxamento, conversar com um amigo de confiança, praticar hobbies ou buscar apoio profissional.

Lembre-se, abordar os padrões emocionais de alimentação é um processo que requer paciência e autocompaixão. Pode ser útil lembrar que as emoções são uma parte normal da vida e encontrar maneiras saudáveis de gerenciá-las é a chave para o bem-estar geral. Ao descobrir e abordar os padrões emocionais de alimentação, você pode desenvolver um relacionamento mais saudável com a comida e cultivar estratégias mais eficazes para gerenciar suas emoções.

Identificar os gatilhos do seu corpo é uma etapa essencial para entender os fatores que contribuem para seus comportamentos alimentares e desafios de controle de peso. Os gatilhos são as pistas ou estímulos que levam a certos pensamentos, emoções ou comportamentos relacionados à ingestão de alimentos. Ao reconhecer e abordar esses gatilhos, você pode desenvolver estratégias para gerenciá-los com eficácia. Aqui estão alguns passos para ajudá-lo a identificar os gatilhos do seu corpo:

Compreender a ciência do ganho e perda de peso fornece uma base para tomar decisões informadas sobre nutrição, atividade física e escolhas gerais de estilo de vida. Ao aplicar esse conhecimento, os indivíduos podem adaptar suas abordagens para alcançar e manter um peso saudável de forma mais eficaz. É importante observar que o controle de peso é um processo complexo influenciado por vários fatores, e consultar profissionais de saúde ou nutricionistas pode fornecer orientação personalizada com base nas necessidades e objetivos individuais.

18.0 Reprogramando sua mentalidade.

O papel da mentalidade na perda de peso é significativo e pode ter um grande impacto no seu sucesso em alcançar e manter um peso saudável. Aqui estão alguns aspectos-chave da mentalidade e como ela influencia a perda de peso:

Mentalidade positiva e autoeficácia: Adotar uma mentalidade

positiva e acreditar em sua capacidade de fazer mudanças significativas é essencial para o sucesso na perda de peso. Ter confiança em si mesmo e em sua capacidade de superar desafios ajuda você a se manter motivado, perseverar nos obstáculos e manter um foco de longo prazo em seus objetivos.

Mentalidade de crescimento: adotar uma mentalidade de crescimento significa ver a perda de peso como uma jornada de aprendizado e melhoria contínua, e não como um resultado fixo. Envolve reconhecer que contratempos e platôs são normais e podem ser oportunidades de crescimento. Com uma mentalidade de crescimento, você pode abordar a perda de peso como um processo de experimentação, adaptação e desenvolvimento pessoal.

Definição de metas realistas e flexíveis: a mentalidade desempenha um papel crucial na definição de metas. É importante definir metas realistas e alcançáveis que se alinhem com suas circunstâncias pessoais e estilo de vida. Uma mentalidade positiva permite que você aborde os objetivos com flexibilidade, ajustando-os conforme necessário e focando no progresso e não na perfeição. Isso ajuda a evitar sentimentos de fracasso e promove mudanças sustentáveis.

19 O papel da mentalidade na perda de peso.

Alimentação consciente e consciência corporal: a mentalidade influencia sua relação com a comida e seu corpo. Cultivar uma mentalidade de alimentação consciente envolve prestar atenção aos sinais de fome e plenitude do seu corpo, saborear cada mordida e desenvolver uma consciência sem julgamento de seus hábitos alimentares. Ajuda você a fazer escolhas conscientes, reduzir a alimentação emocional e desenvolver uma relação mais saudável e intuitiva com a comida.

Superando a auto-sabotagem e a auto-fala negativa: A auto-fala negativa e as crenças auto-sabotadoras podem impedir o progresso nos esforços de perda de peso. Desenvolver uma mentalidade positiva envolve desafiar e reformular os pensamentos negativos, substituindo-os por autocompaixão e afirmações de apoio. É importante cultivar uma mentalidade que incentive a autoaceitação, o perdão e a resiliência.

Construindo hábitos saudáveis: a mentalidade desempenha um papel crucial no estabelecimento e manutenção de hábitos saudáveis. Ao adotar uma mentalidade de crescimento, você pode abordar a formação de hábitos com curiosidade e vontade de aprender. Isso permite que você se concentre no processo de construção de novos hábitos, implementando mudanças sustentáveis e adaptando-as ao longo do tempo. Com uma mentalidade positiva, os contratempos são vistos como oportunidades de aprendizado, e não como motivos para desistir.

Gerenciando o estresse e o bem-estar emocional: a mentalidade influencia como você lida com o estresse e os desafios emocionais, que podem afetar seus comportamentos alimentares e controle de peso. O desenvolvimento de técnicas eficazes de gerenciamento do estresse, como atenção plena, exercícios de relaxamento ou envolvimento em atividades que lhe trazem alegria, pode apoiar uma mentalidade positiva e prevenir a alimentação emocional.

Sustentabilidade a longo prazo: Uma mentalidade positiva é essencial para o controle de peso a longo prazo. Envolve mudar seu foco de resultados de curto prazo para mudanças sustentáveis no estilo de vida. Adotar a mentalidade de que a perda de peso é uma jornada, e não uma solução rápida, ajuda você a fazer escolhas que apoiem o bem-estar geral e a manter um peso saudável a longo prazo.

Lembre-se de que desenvolver uma mentalidade positiva é um processo gradual e pode exigir prática e autorreflexão. Cercar-se de indivíduos de apoio e buscar orientação profissional, como de um terapeuta e nutricionista, também pode ser benéfico para promover uma mentalidade positiva e alcançar resultados de perda de peso bem-sucedidos.

20 Definição de metas realistas.

Definir metas realistas é crucial para uma perda de peso bem-sucedida e manutenção a longo prazo. Objetivos irrealistas podem levar à frustração, desapontamento e maior probabilidade de desistência. Aqui estão alguns princípios-chave a serem considerados ao definir metas realistas de perda de peso:

Avalie seu ponto de partida: comece avaliando seu peso atual, estado de saúde e fatores de estilo de vida. Considere sua composição corporal, saúde geral e quaisquer condições médicas que possam afetar sua jornada de perda de peso. Consultar um profissional de saúde como um nutricionista registrado pode fornecer informações e orientações valiosas.

Apontar para a perda de peso gradual e sustentável: A perda de peso rápida é muitas vezes difícil de sustentar e pode ter implicações negativas para a saúde. Procure uma perda de peso gradual de 0,5 a 1 kg por semana, pois isso é considerado uma taxa saudável e sustentável. Lembre-se de que o progresso da perda de peso pode variar de semana para semana e os platôs são normais.

Concentre-se nas mudanças de comportamento: em vez de focar apenas no número da balança, enfatize as mudanças de comportamento que apoiem a saúde e o bem-estar geral. Mude seu foco para a adoção de hábitos alimentares saudáveis, praticando atividade física regular e praticando o autocuidado. Esses comportamentos contribuirão para o controle de peso a longo prazo.

Torne as metas específicas e mensuráveis: defina metas claras e específicas que possam ser medidas. Por exemplo, em vez de definir uma meta vaga como "perder peso", defina uma meta específica como "perder 4,5 kg nos próximos dois meses". Ter uma meta mensurável ajuda você a acompanhar o progresso e a se manter responsável.

Divida: divida sua meta geral de perda de peso em marcos menores e mais alcançáveis. Isso permite que você comemore e fique motivado ao longo do caminho. Por exemplo, se seu objetivo final é perder 10 kg, divida esse peso por pelo numero de meses, assim, em cada mês , você perderá 3,3 kg de cada vez.

Considere vitórias fora da escala: reconheça que a perda de peso não é o único indicador de progresso. Vitórias fora da escala, como níveis de energia aprimorados, força aumentada, humor aprimorado, sono melhor ou ajuste de roupas mais confortável, também são marcadores significativos de sucesso. Comemore essas conquistas ao longo de sua jornada.

Seja realista com prazos: dê a si mesmo tempo suficiente para atingir seus objetivos. A perda de peso é um processo gradual e é importante definir cronogramas realistas. Evite dietas radicais ou medidas extremas que prometem resultados rápidos, pois muitas vezes são insustentáveis e podem prejudicar sua saúde.

Adapte-se ao seu estilo de vida e preferências: considere seu estilo de vida, compromissos e preferências pessoais ao definir metas. Escolha abordagens para perda de peso que se alinhem com seu estilo de vida e sejam sustentáveis a longo prazo. Isso aumenta a probabilidade de adesão e sucesso.

Reavalie e ajuste regularmente as metas: À medida que avança em sua jornada de perda de peso, reavalie regularmente suas metas para garantir que elas permaneçam realistas e relevantes. Ajuste-os com base em suas circunstâncias, necessidades e progresso. A flexibilidade é fundamental para manter a motivação e sustentar o sucesso a longo prazo.

Lembre-se de que a jornada para a perda de peso é altamente individual e o que funciona para uma pessoa pode não funcionar para outra. É essencial ouvir o seu corpo, ser paciente consigo mesmo e buscar apoio de profissionais de saúde e nutricionistas que possam fornecer orientação personalizada com base em suas necessidades e objetivos específicos.

21 Superando a autosabotagem.

Superar a autossabotagem é uma etapa crítica para alcançar e manter as metas de perda de peso. A autossabotagem refere-se aos comportamentos, pensamentos ou ações que impedem seu progresso ou sabotam seus esforços em direção a um estilo de vida mais saudável. Aqui estão algumas estratégias para ajudá-lo a superar a autossabotagem:

Aumente a autoconsciência: comece desenvolvendo a autoconsciência em relação aos seus comportamentos de autossabotagem. Preste atenção aos padrões ou hábitos que prejudicam seu progresso. Reflita sobre as razões subjacentes a esses comportamentos e as emoções ou pensamentos que os desencadeiam.

Identifique os gatilhos: identifique os gatilhos específicos que levam à autossabotagem. Os gatilhos podem ser fatores emocionais, ambientais ou sociais que levam a comportamentos negativos. Por exemplo, estresse, tédio ou estar em situações sociais em que escolhas alimentares não saudáveis são predominantes podem desencadear a autossabotagem. Reconheça esses gatilhos e desenvolva estratégias para gerenciá-los com eficácia.

Desafie o diálogo interno negativo: o diálogo interno negativo pode contribuir para a autossabotagem. Substitua pensamentos autocríticos por afirmações positivas e de apoio. Pratique a autocompaixão e lembre-se de que contratempos são normais e fazem parte do processo de aprendizado. Reformule os pensamentos negativos em outros mais fortalecedores e construtivos.

Estabeleça metas realistas: metas irrealistas ou excessivamente ambiciosas podem levar à autossabotagem. Defina metas realistas, alcançáveis e flexíveis que se alinhem com seu estilo de vida e capacidades. Divida-os em marcos menores para acompanhar o progresso e comemorar as conquistas ao longo do caminho.

Desenvolva mecanismos de enfrentamento: encontre mecanismos de enfrentamento alternativos para gerenciar o estresse, as emoções e os desejos, em vez de recorrer a comportamentos prejudiciais. Envolva-se em atividades que promovam o relaxamento, como meditação, exercícios de respiração profunda ou hobbies. Procure o apoio de amigos, familiares ou profissionais para ajudá-lo a enfrentar situações desafiadoras.

Construa um ambiente de apoio: Cerque-se de um ambiente de apoio que incentive comportamentos saudáveis. Comunique seus objetivos e aspirações a amigos e familiares e peça o apoio deles. Considere evitar pessoas que te critique e te fazem sair do teu foco.

Pratique a alimentação consciente: A alimentação consciente pode ajudá-lo a desenvolver um relacionamento mais saudável com a comida e reduzir os comportamentos de autossabotagem. Preste atenção aos sinais de fome e plenitude do seu corpo, coma devagar, saboreie cada mordida e esteja presente no momento. A alimentação consciente pode ajudar a evitar excessos, alimentação emocional e lanches estúpidos.

Abordar problemas emocionais subjacentes: a autossabotagem pode estar enraizada em problemas emocionais mais profundos, como baixa autoestima, traumas passados ou crenças negativas sobre si mesmo. Considere procurar ajuda profissional de um terapeuta ou conselheiro que possa ajudá-lo a enfrentar e superar esses desafios emocionais subjacentes.

Comemore o progresso e pratique a autocelebração: reconheça e celebre suas conquistas ao longo do caminho, independentemente de quão pequenas possam parecer. Reconheça seus esforços, seja seguir um plano de alimentação saudável, atingir um marco de condicionamento físico ou superar um comportamento de autossabotagem. Comemorar o progresso reforça os comportamentos positivos e ajuda a desenvolver a autoconfiança.

Lembre-se de que superar a autossabotagem é um processo que requer paciência, autorreflexão e esforço consistente. Seja gentil consigo mesmo e, se tiver contratempos, veja-os como oportunidades de crescimento e aprendizado, em vez de motivos para desistir. Com perseverança e a mentalidade certa, você pode superar a autossabotagem e alcançar o sucesso a longo prazo em sua jornada de perda de peso.

22 Cultivando a autocompaixão.

Cultivar a autocompaixão é uma ferramenta poderosa para promover o bem-estar emocional e apoiar sua jornada de perda de peso. A autocompaixão envolve tratar a si mesmo com gentileza, compreensão e aceitação, especialmente em tempos difíceis. Aqui estão algumas estratégias para cultivar a autocompaixão:

Pratique a atenção plena: comece cultivando a atenção plena, que envolve estar ciente do momento presente sem julgamento. A atenção plena permite que você observe seus pensamentos e emoções sem crítica ou autoculpa. Essa consciência sem julgamento cria uma base para a autocompaixão.

Desenvolva a autoconsciência: preste atenção ao seu diálogo interno e observe qualquer pensamento autocrítico ou negativo que surgir. Reconheça que todos passam por contratempos e lutas, e você não está sozinho ao enfrentar desafios. Desenvolver a autoconsciência ajuda a capturar pensamentos autocríticos e substituí-los por pensamentos autocompassivos.

Desafie o perfeccionismo: deixe de lado a necessidade de perfeição e abrace a ideia de que o progresso é mais importante que a perfeição. Aceite que cometer erros ou sofrer contratempos é uma parte natural do processo de aprendizado. Adote uma mentalidade de crescimento e veja os desafios como oportunidades de crescimento e melhoria.

Pratique a autobondade: trate-se com a mesma gentileza e compaixão que você estenderia a um ente querido ou amigo. Ofereça a si, palavras de encorajamento e apoio durante os momentos difíceis. Em vez de se repreender por falhas percebidas, lembre-se de que não há problema em cometer erros e que você merece amor e aceitação.

Promova o autocuidado: priorize atividades de autocuidado que nutrem seu bem-estar físico, emocional e mental. Envolva-se em atividades que lhe tragam alegria, relaxamento e rejuvenescimento. Isso pode incluir praticar hobbies, passar tempo na natureza, praticar rituais de autocuidado ou buscar apoio de entes queridos.

Abrace as imperfeições: aceite suas imperfeições e reconheça que elas não definem o seu valor. Entenda que todo mundo tem defeitos e que eles fazem parte do que te torna único. Pratique a autoaceitação e concentre-se em suas qualidades e pontos fortes positivos.

Nota da Nutri: Cerque-se de uma rede de apoio de amigos, familiares ou profissionais que possam fornecer incentivo e compreensão. Procure ajuda quando necessário e não hesite em pedir suporte

26 Estratégias para o controle de porções.

Nutrir seu corpo com nutrição balanceada é essencial para a saúde e o bem-estar geral, além de apoiar seus objetivos de perda de peso. Aqui estão alguns princípios-chave a serem considerados quando se trata de nutrir seu corpo:

Coma uma variedade de alimentos ricos em nutrientes: concentre-se em consumir uma ampla variedade de alimentos ricos em nutrientes que fornecem vitaminas, minerais e macronutrientes essenciais. Inclua uma variedade de frutas, vegetais, grãos integrais, proteínas magras e gorduras saudáveis em sua dieta. Isso garante que seu corpo receba uma ampla gama de nutrientes necessários para o funcionamento ideal.

Controle de Porções: Preste atenção ao tamanho das porções para manter um balanço energético saudável. Esteja atento ao tamanho das porções e ouça os sinais de fome e saciedade do seu corpo. Evite comer demais e pratique o controle das porções para evitar o consumo excessivo de calorias.

Inclua proteínas magras: incorpore fontes magras de proteína, como frango, peixe, tofu, feijão e legumes, em suas refeições. A proteína ajuda a construir e reparar tecidos, apoia o crescimento muscular e proporciona saciedade, mantendo-o saciado por mais tempo.

Escolha grãos integrais: opte por grãos integrais em vez de grãos refinados. Grãos integrais como arroz integral, quinoa, aveia e trigo integral fornecem mais fibras, vitaminas e minerais em comparação com grãos refinados. Eles também promovem um melhor controle do açúcar no sangue e ajudam você a se sentir satisfeito.

Priorize frutas e vegetais: inclua uma variedade de frutas e vegetais coloridos em suas refeições diárias. Eles são ricos em fibras, antioxidantes e nutrientes essenciais. Eles ajudam a promover uma boa digestão, apoiam um sistema imunológico saudável e proporcionam uma sensação de saciedade com menos calorias.

Gorduras saudáveis: inclua fontes de gorduras saudáveis em sua dieta, como abacate, nozes, sementes, azeite e peixes gordurosos como salmão. Essas gorduras são importantes para a função cerebral, produção de hormônios e absorção de vitaminas lipossolúveis. No entanto, consuma-os com moderação devido ao seu maior teor calórico.

Hidratação: Beba uma quantidade adequada de água ao longo do dia para se manter hidratado. A água é essencial para a digestão, absorção de nutrientes e funções corporais gerais. Opte pela água como sua bebida principal e limite as bebidas açucaradas ou alcoólicas, que podem contribuir para o excesso de ingestão de calorias.

Minimize a adição de açúcares e alimentos processados: limite a ingestão de açúcares adicionados e alimentos altamente processados, pois eles tendem a ser densos em calorias e com baixo valor nutricional. Leia os rótulos dos alimentos e esteja atento aos açúcares ocultos nos produtos embalados. Opte por alimentos integrais e minimamente processados sempre que possível.

Ouça o seu corpo: Preste atenção aos sinais de fome e saciedade do seu corpo. Coma quando estiver com fome e pare quando estiver confortavelmente satisfeito. Evite dietas restritivas ou regras alimentares rígidas que possam levar a uma relação doentia com a comida.

Procure orientação profissional: Se você tiver necessidades dietéticas específicas, problemas de saúde ou precisar de aconselhamento personalizado, consulte medicos e nutricionista . Eles podem fornecer orientação individualizada e ajudá-lo a criar um plano de nutrição que atenda às suas necessidades e objetivos exclusivos.

Lembre-se de que uma nutrição balanceada consiste em nutrir seu corpo com alimentos saudáveis e ricos em nutrientes, mantendo um relacionamento saudável com os alimentos. É importante encontrar uma abordagem que seja sustentável, agradável e adequada ao seu estilo de vida para obter sucesso a longo prazo em alcançar e manter um peso saudável.

24 Criando um plano de alimentação saudável.

Criar um plano de alimentação saudável é fundamental para apoiar seus objetivos de perda de peso e bem-estar geral. Aqui estão os passos para ajudá-lo a desenvolver um plano alimentar personalizado e sustentável:

Avalie seus hábitos alimentares atuais: faça um balanço de seus hábitos alimentares atuais e identifique as áreas que podem precisar de melhorias. Considere o tamanho das porções, escolhas alimentares, padrões de refeição e hábitos de lanches.

Essa autoavaliação fornecerá um ponto de partida para a criação de mudanças positivas. Defina metas específicas: determine suas metas específicas para o seu plano alimentar. Essas metas devem ser realistas, mensuráveis e alinhadas com seus objetivos de perda de peso. Por exemplo, seus objetivos podem ser incorporar mais vegetais em suas refeições, limitar alimentos processados ou reduzir o tamanho das porções.

Calcule suas necessidades calóricas: determine suas necessidades diárias de calorias com base em fatores como idade, sexo, peso, altura e nível de atividade. Isso pode ser feito usando calculadoras on-line ou consultando um nutricionista registrado para uma avaliação mais precisa.

Priorize alimentos ricos em nutrientes: construa seu plano

alimentar em torno de alimentos ricos em nutrientes que fornecem vitaminas, minerais e macronutrientes essenciais. Inclua uma variedade de frutas, vegetais, grãos integrais, proteínas magras e gorduras saudáveis. Procure encher seu prato com opções coloridas e diversas.

Planeje Refeições e Lanches: Planeje suas refeições e lanches com antecedência para garantir um padrão alimentar equilibrado e consistente. Isso ajuda você a fazer escolhas mais saudáveis e evitar decisões impulsivas. Considere cozinhar em lotes ou preparar refeições para ter opções nutritivas prontamente disponíveis.

Controle o tamanho das porções: Preste atenção ao tamanho das porções para evitar comer demais. Use copos medidores, uma balança de alimentos ou dicas visuais (por exemplo, tamanho da palma da mão para proteína) para medir as porções apropriadas. Esteja atento ao tamanho das porções ao jantar fora ou comer alimentos embalados.

Pratique a alimentação consciente: diminua a velocidade e pratique a alimentação consciente. Preste atenção ao sabor, textura e sensações de sua comida. Coma sem distrações, como telas ou multitarefa. Isso ajuda você a sintonizar os sinais de fome e plenitude do seu corpo, evitando comer demais.

Hidratação: Garanta uma hidratação adequada bebendo muita água ao longo do dia. A água apóia a digestão, o metabolismo e o bem-estar geral. Leve uma garrafa de água reutilizável com você como um lembrete para se manter hidratado.

Modifique escolhas não saudáveis: Identifique escolhas alimentares não saudáveis em seu plano alimentar atual e encontre alternativas mais saudáveis. Por exemplo, substitua bebidas açucaradas por água infundida, opte por grãos integrais em vez de grãos refinados e escolha proteínas magras em vez de carnes processadas.

Pratique flexibilidade e moderação: permita-se flexibilidade e espaço para indulgências em seu plano alimentar. Privar-se de alimentos que você gosta pode levar a sentimentos de restrição e excessos potenciais. Incorpore guloseimas ou alimentos favoritos com moderação, concentrando-se no equilíbrio geral e nas escolhas ricas em nutrientes.

Monitore o progresso: acompanhe seu progresso e faça os ajustes necessários. Monitore sua ingestão de alimentos, peso e outros marcadores relevantes para avaliar a eficácia do seu plano. Permaneça responsável e faça modificações, se necessário, para continuar progredindo em direção aos seus objetivos.

Procure apoio: se necessário, procure o apoio de um nutricionista registrado ou de um grupo de apoio para ajudá-lo a desenvolver e ajustar seu plano alimentar. Eles podem fornecer orientação personalizada, abordar questões específicas e ajudá-lo a se manter motivado e responsável.

Lembre-se, criar um plano de alimentação saudável não é seguir regras rígidas ou privações. Trata-se de adotar hábitos sustentáveis que nutrem seu corpo, apoiam suas metas de perda de peso e promovem o bem-estar geral. Concentre-se em fazer mudanças graduais e encontrar uma abordagem que se adapte ao seu estilo de vida e preferências.

25 Entendo os macronutrientes e micronutrientes.

Compreender macronutrientes e micronutrientes é essencial para a elaboração de um plano alimentar equilibrado e nutritivo. Aqui está uma visão geral desses nutrientes:

Macronutrientes:

Carboidratos: Os carboidratos são a principal fonte de energia do corpo. Eles são encontrados em alimentos como grãos, frutas, vegetais, legumes e laticínios. Os carboidratos podem ser classificados em carboidratos simples (encontrados em alimentos como açúcar, mel e frutas) e carboidratos complexos (encontrados em alimentos como grãos integrais, vegetais ricos em amido e legumes). É importante escolher principalmente carboidratos complexos, pois fornecem fibras, vitaminas e minerais.

Proteínas: As proteínas são importantes para o crescimento, reparação e manutenção dos tecidos do corpo. Eles são compostos de aminoácidos, que são os blocos de construção das proteínas. Boas fontes de proteína incluem carnes magras, aves, peixes, ovos, laticínios, legumes e fontes vegetais, como tofu e tempeh. Procure uma variedade de fontes de proteína para garantir um perfil de aminoácidos completo.

Gorduras: As gorduras são essenciais para energia, produção de hormônios, isolamento e absorção de vitaminas lipossolúveis. Fontes de gordura saudáveis incluem abacates, nozes, sementes, azeite de oliva, peixes gordurosos e óleos vegetais. É importante escolher gorduras predominantemente insaturadas (gorduras monoinsaturadas e poliinsaturadas) e limitar as gorduras saturadas e trans, encontradas em frituras, carnes gordurosas, manteiga e salgadinhos processados.

Micronutrientes:

Vitaminas: As vitaminas são essenciais para várias funções corporais e saúde geral. Eles são classificados em duas categorias: vitaminas lipossolúveis (A, D, E e K) e vitaminas hidrossolúveis (vitaminas B e vitamina C). Cada vitamina tem funções específicas, como apoiar a função imunológica, produção de energia e manter a pele e a visão saudáveis. Frutas, vegetais, grãos integrais, laticínios e carnes magras são boas fontes de vitaminas.

Minerais: Os minerais são essenciais para construir ossos fortes, transmitir impulsos nervosos, manter o equilíbrio de fluidos e muitos outros processos fisiológicos. Exemplos de minerais importantes incluem cálcio, ferro, magnésio, potássio e zinco. Fontes de minerais incluem laticínios, folhas verdes, nozes, sementes, legumes, grãos integrais e carnes magras.

A nutrição equilibrada envolve a incorporação de uma variedade de macronutrientes e micronutrientes em seu plano alimentar. Esforce-se para uma distribuição equilibrada de carboidratos, proteínas e gorduras para atender às suas necessidades de energia e apoiar a saúde geral.

Além disso, priorize o consumo de uma ampla variedade de frutas, vegetais, grãos integrais, proteínas magras e gorduras saudáveis para garantir uma ingestão adequada de vitaminas e minerais. Consultar um nutricionista registrado pode fornecer orientação personalizada sobre como atender às suas necessidades específicas de nutrientes com base em suas metas e preferências de saúde.

26 Estrategias e planejamento das porções.

Use pratos e tigelas menores: Opte por pratos e tigelas menores ao servir suas refeições. A ilusão visual de um prato cheio pode ajudá-lo a se sentir satisfeito com porções menores.

Meça e pese alimentos: use copos medidores, colheres e uma balança de cozinha para medir com precisão as porções de comida. Isso ajuda você a se tornar mais consciente dos tamanhos de porção apropriados e evita excessos.

Aprenda a estimar o tamanho das porções: com o tempo, desenvolva a capacidade de estimar o tamanho das porções comparando-as com objetos familiares. Por exemplo, uma porção de carne deve ser do tamanho de um baralho de cartas, uma porção de macarrão ou arroz deve ser do tamanho de uma bola de tênis e uma porção de queijo deve ser do tamanho de uma pequena caixa de fósforos.

Encha metade do prato com vegetais: faça dos vegetais o ponto focal de suas refeições, preenchendo pelo menos metade do prato com vegetais sem amido. Isso naturalmente reduz o espaço disponível para porções maiores de alimentos ricos em calorias.

Esteja atento às calorias líquidas: tenha cuidado com as calorias líquidas de bebidas açucaradas, sucos e bebidas alcoólicas. Estes podem contribuir com uma quantidade significativa de calorias sem fornecer muita saciedade. Opte por água, chá sem açúcar ou água com infusão como suas principais opções de bebida.

Lanches pré-porção: Distribua os alimentos em porções individuais. Isso ajuda a evitar uma alimentação culpada e evita o consumo involuntário de grandes quantidades.

Desacelere e mastigue bem: tome seu tempo para comer, saboreie cada mordida e mastigue bem a comida. Comer devagar permite que seu corpo registre a sensação de saciedade, evitando que você coma demais.

Preste atenção aos sinais de fome e saciedade: ouça os sinais de fome e saciedade do seu corpo. Coma quando estiver genuinamente com fome e pare de comer quando se sentir confortavelmente satisfeito, mas não excessivamente cheio.

Planeje com antecedência para comer fora: ao jantar fora, verifique o cardápio com antecedência e decida o tamanho da porção razoável ou considere dividir um prato com um amigo. Você também pode pedir um recipiente para viagem com antecedência e embalar uma porção de sua refeição antes de começar a comer.

Esteja atento aos alimentos com alto teor calórico: Esteja ciente dos alimentos que são ricos em calorias e porcione-os de acordo. Isso inclui alimentos como óleos, nozes, sementes, manteiga de nozes e certos condimentos. Embora esses alimentos possam ser saudáveis, eles também são ricos em calorias, por isso é importante apreciá-los com moderação.

Lembre-se de que o controle de porções é encontrar um equilíbrio que funcione para você e suas necessidades individuais. Não se trata de restrição ou privação estrita, mas sim de praticar uma alimentação consciente e estar ciente dos sinais do seu corpo. Com o tempo, essas estratégias podem ajudá-lo a desenvolver tamanhos de porções mais saudáveis e manter uma abordagem mais equilibrada para comer.

27 Preparação e planejamento das porções.

A preparação e o planejamento das refeições são estratégias eficazes para manter uma rotina alimentar saudável e gerenciar o tamanho das porções. Aqui estão algumas dicas para ajudá-lo a começar a preparar e planejar as refeições:

Reserve um tempo para o planejamento: dedique um tempo específico a cada semana para planejar suas refeições e lanches. Isso pode ser no fim de semana ou em qualquer dia que seja melhor para você. Considere sua agenda, os próximos eventos e os ingredientes que você tem em mãos.

Crie um Plano de Refeições Semanal: descreva suas refeições para a semana, incluindo café da manhã, almoço, jantar e lanches. Considere incorporar um equilíbrio de macronutrientes (carboidratos, proteínas e gorduras) e inclua uma variedade de frutas, vegetais, grãos integrais, proteínas magras e gorduras saudáveis.

Verifique sua despensa e geladeira: faça uma lista dos ingredientes que você já tem em casa. Isso ajuda você a utilizar o que você tem e minimiza o desperdício de alimentos. Faça uma lista de compras dos itens que você precisa comprar para completar suas refeições planejadas.

Escolha receitas e prepare uma lista de compras: selecione receitas que se alinhem com suas preferências e objetivos alimentares. Procure receitas que possam ser preparadas com antecedência ou que sejam adequadas para cozimento em lotes. Crie uma lista de compras com base nos ingredientes necessários para as receitas escolhidas.

Supermercado consciente: atenha-se à sua lista de compras para evitar compras por impulso. Concentre-se em comprar alimentos e ingredientes integrais e não processados que se alinhem com seu plano de refeições. Fazer compras com o estômago cheio também pode ajudar a reduzir a tentação de comprar lanches não saudáveis ou alimentos que não convém com teus objetivos.

Prepare os ingredientes com antecedência: quando voltar do supermercado, passe algum tempo preparando os ingredientes. Lave, pique e distribua legumes, frutas e outros ingredientes para economizar tempo durante a preparação da refeição. Isso torna mais fácil preparar as refeições durante os dias de semana agitados.

Cozinhar em lotes e armazenar refeições: considere cozinhar em lotes quantidades maiores de determinados grupos, voce pode cozinhar um grupo por dia e congelar, assim no final de 3 dias terá marmitas prontas de todos os grupos.

Por exemplo: No primeiro dia voce pode cozinhar os vegetais, o que chamamos de carboidratos complexos que são ricos em vitaminas,minerais e fibras, voce pode optar em fazer 2 tipos de variedades como brócolis e espinafre, congele em porções ja pesadas, no dia seguinte, voce pode fazer as proteinas, pode optar em carne moida magra e peito de frango, faça ao forno ou na panela e congele em porções ja pesadas e no terceiro dia, voce pode fazer os carboidratos complexos mais energéticos como, arroz com quinoa, mandioca, batatas ou grão de bico, congele em porções ja pesadas.

Assim, com 20 minutos por dia, voce conseguirá fazer em torno de 20 marmitas! Caso opte em cozinhar a cada 3 dias divida as refeições cozidas em porções individuais e guarde-as em recipientes herméticos. Isso permite um reaquecimento fácil e refeições rápidas convenientes.

Porção de lanches: lanches pré-porcionados, como frutas cortadas, palitos de vegetais, nozes ou iogurte, em recipientes ou sacolas individuais. Isso ajuda no controle das porções e torna os lanches saudáveis prontamente disponíveis.

Utilize refeições congeladas: aproveite o seu freezer preparando e armazenando refeições em marmitas que podem ser congeladas. Eles podem ser descongelados e reaquecidos conforme necessário, oferecendo opções rápidas e saudáveis em dias agitados ou naqueles dias em que não estamos com vontade de cozinhar!

Mantenha-se flexível e adapte-se: seu plano de refeições é um guia, mas não há problema em fazer ajustes conforme necessário. A vida pode ser imprevisível, então seja flexível e adapte seu plano de refeições de acordo. Varie e substitua os macronutrientes do seu plano alimentar, isso te garantirá uma variedade de nutrientes e te impedirá de enjoar dos alimentos!

Mantenha a segurança em mente: Garantia práticas adequadas de segurança alimentar armazenando itens perecíveis na geladeira ou no freezer imediatamente. Rotule os recipientes com datas para manter o controle de frescor e siga os tempos de armazenamento recomendados para diferentes alimentos.

Aproveite os benefícios: adote a conveniência e os benefícios da preparação e planejamento das refeições. Você economizará tempo, dinheiro e reduzirá o cansaço da preparação durante a semana. Ter refeições e lanches saudáveis prontamente disponíveis facilita o cumprimento de suas metas nutricionais e evita escolhas impulsivas e pouco saudáveis.

Lembre-se de que a preparação e o planejamento das refeições são ferramentas para apoiar seus hábitos alimentares saudáveis. Encontre uma rotina e abordagem que funcionem melhor para você e seu estilo de vida. Experimente diferentes receitas e estratégias para manter suas refeições excitantes e agradáveis.

28 Construindo um estilo de vida ativo.

Construir um estilo de vida ativo é crucial para a saúde geral, controle de peso e bem-estar. Aqui estão algumas dicas para ajudá-lo a incorporar a atividade física em sua rotina diária:

Defina metas realistas: comece definindo metas realistas e alcançáveis para sua atividade física. Seja visando um determinado número de passos por dia ou comprometendo-se com um número específico de sessões de treino por semana, ter objetivos claros ajuda você a se manter motivado e focado.

29 Encontre atividades que você gosta.

Participe de atividades que você realmente goste. Seja correr, dançar, nadar, andar de bicicleta, praticar um esporte ou fazer aulas de ginástica em grupo, escolher atividades de que você gosta aumenta as chances de mantê-las a longo prazo.

Faça disso um hábito: estabeleça uma rotina regular de exercícios agendando horários específicos para a atividade física. Trate o exercício como uma parte inegociável do seu dia, assim como qualquer outro compromisso. A consistência é a chave para a construção de um estilo de vida ativo.

Comece devagar e progrida gradualmente: se você é novo no exercício ou não pratica atividade física há algum tempo, comece com atividades de baixo impacto e aumente gradualmente a intensidade, duração e frequência ao longo do tempo. Ouça o seu corpo e dê-se tempo para se adaptar.

Incorpore movimento ao longo do dia: procure oportunidades para ser mais ativo em sua vida diária. Use as escadas em vez do elevador, caminhe ou ande de bicicleta em vez de dirigir por distâncias curtas e faça pausas ativas durante longos períodos sentado.

Torná-lo Social: Envolva-se em atividades físicas com amigos, familiares ou colegas. Junte-se a uma equipe esportiva, faça aulas de ginástica juntos ou simplesmente dê um passeio ou caminhe com um amigo. Socializar enquanto está ativo pode tornar a experiência mais agradável e ajudá-lo a se manter motivado.

Explore diferentes tipos de exercício: Incorpore uma mistura de exercícios cardiovasculares (por exemplo, corrida, natação, ciclismo) para resistência, treinamento de força (por exemplo, levantamento de peso, exercícios de resistência) para força muscular e exercícios de flexibilidade (por exemplo, alongamento, ioga) para melhorar mobilidade e prevenção de lesões.

Defina mini-objetivos e acompanhe o progresso: defina marcos menores ao longo do caminho para se manter motivado. Acompanhe seu progresso mantendo um diário de exercícios, usando aplicativos de condicionamento físico ou usando um rastreador de condicionamento físico. Comemore as conquistas e use-as como fonte de motivação para continuar.

Torne-o divertido e variado: mantenha seus treinos interessantes incorporando variedade em sua rotina. Experimente novas atividades, mude seus treinos ou explore diferentes aulas de exercícios ou treinos online. Torná-lo divertido e variado ajuda a evitar o tédio e mantém você envolvido.

Priorize a recuperação e o descanso: dê tempo ao seu corpo para descansar e se recuperar entre os treinos. Sono adequado, nutrição adequada e alongamento ou rolamento de espuma podem ajudar no processo de recuperação. O excesso de treinamento pode levar à fadiga, esgotamento e aumento do risco de lesões.

Procure responsabilidade e suporte: encontre um parceiro de exercícios, participe de um grupo de condicionamento físico ou contrate um personal trainer para ajudá-lo a se manter responsável e fornecer orientação. Ter apoio e alguém com quem compartilhar sua jornada de condicionamento físico pode fazer uma diferença significativa para se manter motivado.

Concentre-se no estilo de vida ativo geral: lembre-se de que ser ativo não é apenas um exercício formal. Procure oportunidades para ser ativo ao longo do dia, como jardinagem, tarefas domésticas ou fazer pausas ativas no trabalho. Cada movimento se soma e contribui para um estilo de vida ativo.

Construir um estilo de vida ativo é um compromisso de longo prazo. Seja paciente consigo mesmo, seja consistente e encontre atividades que lhe tragam alegria. Ao incorporar atividade física regular em sua rotina diária, você experimentará os inúmeros benefícios físicos, mentais e emocionais que acompanham um estilo de vida ativo.

30 Incorporando a atividade física regular.

Incorporar atividade física regular em sua rotina diária é essencial para manter um estilo de vida saudável e ativo. Aqui estão algumas dicas práticas para ajudá-lo a tornar o exercício uma parte consistente de sua vida:

Defina metas realistas: comece definindo metas alcançáveis que sejam específicas, mensuráveis, atingíveis, relevantes e com prazo (metas SMART). Por exemplo, tente se exercitar por 30 minutos, cinco dias por semana, ou completar um certo número de etapas por dia.

Encontre atividades que você goste: escolha atividades que você realmente goste e que estejam de acordo com seus interesses e preferências. Isso pode incluir caminhar, correr, nadar, dançar, andar de bicicleta, caminhar ou participar de esportes. Quando você gosta do que está fazendo, é mais provável que continue com isso.

Agendar sessões de exercícios: trate os exercícios como um compromisso importante, agendando um tempo dedicado à atividade física. Bloqueie intervalos de tempo específicos em seu calendário e torne-os inegociáveis. Consistência é a chave para estabelecer uma rotina.

Comece com pequenos passos: se você está apenas começando ou está inativo há algum tempo, comece com atividades gerenciáveis. Comece com durações mais curtas ou intensidades mais baixas e aumente-as gradualmente ao longo do tempo à medida que sua condição física melhora. Seja paciente e ouça os sinais do seu corpo.

Seja ativo ao longo do dia: procure oportunidades para ser ativo ao longo do dia, mesmo que não possa se comprometer com um treino estruturado. Suba as escadas em vez do elevador, caminhe ou ande de bicicleta para pequenas tarefas ou faça pausas para alongamento durante períodos prolongados sentado.

Incorpore treinamento de força, inclua exercícios de treinamento de força pelo menos dois dias por semana. O treinamento de força ajuda a construir músculos, aumentar o metabolismo e melhorar a composição corporal geral. Você pode usar exercícios de peso corporal, pesos livres, faixas de resistência ou aparelhos de musculação.

Misture sua rotina: mantenha sua rotina de exercícios interessante e evite o tédio incorporando uma variedade de atividades. Alterne entre diferentes formas de cardio, treinamento de força, exercícios de flexibilidade e aulas. Experimentar novas atividades desafia seu corpo e o mantém engajado.

Encontre responsabilidade e suporte: procure um parceiro de treino, participe de um grupo ou aula de condicionamento físico ou contrate um personal trainer. Ter alguém com quem se exercitar ou fazer parte de uma comunidade pode fornecer motivação, apoio e responsabilidade. Você também pode compartilhar sua jornada de condicionamento físico com amigos e familiares para um incentivo adicional.

Torná-lo um assunto de família: Incentive seus familiares a acompanhá-lo em atividades físicas. Faça caminhadas ou passeios de bicicleta juntos, pratique esportes ou participe de jogos ativos. Não só promove um estilo de vida saudável para todos, mas também cria oportunidades de união.

Ouça o seu corpo: Preste atenção em como seu corpo se sente durante e após o exercício. Aumente gradualmente a intensidade e a duração, mas também permita descanso e recuperação quando necessário. Aprenda a distinguir entre dor muscular e dor para evitar esforço excessivo ou lesões.

Defina recompensas e comemore marcos: estabeleça recompensas ou incentivos para atingir suas metas de condicionamento físico. Pode ser tratar-se de uma massagem, comprar novos equipamentos de treino ou deliciar-se com uma refeição saudável favorita. Comemore marcos ao longo do caminho para se manter motivado e reconhecer seu progresso.

Mantenha-se consistente: a consistência é fundamental quando se trata de manter um estilo de vida ativo. Procure praticar atividade física regular na maioria dos dias da semana, mesmo que seja por períodos mais curtos. Abrace o exercício como um compromisso vitalício, em vez de um esforço de curto prazo.

Lembre-se, é importante consultar um profissional de saúde antes de iniciar um novo programa de exercícios, especialmente se você tiver algum problema de saúde subjacente. Eles podem fornecer recomendações e orientações personalizadas com base em suas necessidades e habilidades individuais.

31 Treinando de força e exercicio cardiovascular.

O treinamento de força e o exercício cardiovascular são dois componentes principais de uma rotina de condicionamento físico completa. Vamos explorar cada um deles com mais detalhes:

Treinamento de força: O treinamento de força envolve exercícios que visam seus músculos, com o objetivo de aumentar sua força, resistência e tônus. Aqui estão alguns pontos importantes a serem considerados:

Benefícios do treinamento de força: O treinamento de força oferece inúmeros benefícios, incluindo aumento da força muscular, melhor densidade óssea, metabolismo aprimorado, melhor postura e prevenção de lesões. Também pode ajudar no controle de peso e melhorar a aptidão funcional geral.

Tipos de exercícios de treinamento de força: Os exercícios de treinamento de força podem ser realizados usando vários métodos e equipamentos. Os exemplos incluem exercícios de peso corporal (por exemplo, flexões, agachamentos), pesos livres (por exemplo, halteres, barras), faixas de resistência, aparelhos de musculação e exercícios de treinamento funcional que imitam os movimentos do dia a dia.

Forma e técnica adequadas: ao realizar exercícios de treinamento de força, é crucial manter a forma e a técnica adequadas. Isso garante a segurança e maximiza a eficácia dos exercícios. Considere trabalhar com um personal trainer certificado para aprender as técnicas adequadas, especialmente se você for novo no treinamento de força.

Sobrecarga Progressiva: Para continuar progredindo no treinamento de força, é importante aumentar gradualmente o desafio para seus músculos. Esse princípio, conhecido como sobrecarga progressiva, envolve aumentar gradualmente o peso, as repetições ou a intensidade de seus exercícios ao longo do tempo.

Frequência e descanso: procure incluir exercícios de treinamento de força em sua rotina pelo menos duas a três vezes por semana, permitindo um dia de descanso entre as sessões para recuperação muscular. Essa frequência ajuda a estimular o crescimento muscular e o desenvolvimento da força.

Exercício Cardiovascular:

O exercício cardiovascular, também conhecido como exercício aeróbico, envolve atividades que aumentam a frequência cardíaca e a respiração.

32 Equilbrio entre descanso e recuperação.

Descanso e recuperação são componentes cruciais de qualquer rotina de exercícios e desempenham um papel significativo na obtenção de resultados ideais. Aqui estão algumas considerações importantes para equilibrar descanso e recuperação:

Entenda a importância: Descanso e recuperação são essenciais para permitir que seu corpo se recupere e se adapte ao estresse colocado sobre ele durante o exercício. Ajuda a prevenir o overtraining, reduz o risco de lesões e promove o bem-estar geral.

Ouça seu corpo: Preste atenção em como seu corpo se sente. Se você está sentindo fadiga excessiva, dor muscular persistente, diminuição do desempenho, irritabilidade ou distúrbios do sono, pode ser um sinal de que você precisa de mais descanso e recuperação.

Incorpore dias de descanso: agende dias de descanso regulares durante a semana. Estes são os dias em que você pratica exercícios leves ou nenhum exercício para permitir que seu corpo se recupere. Os dias de descanso podem ajudar a prevenir o esgotamento, reduzir a fadiga muscular e restaurar os níveis de energia.

Grupos musculares alternativos: se você estiver seguindo um programa de treinamento de força, considere alternar grupos musculares em dias diferentes. Por exemplo, você pode se concentrar nos exercícios da parte superior do corpo em um dia e nos exercícios da parte inferior do corpo no dia seguinte. Isso permite que os músculos se recuperem enquanto você trabalha em outras áreas.

Durma bem: um sono de qualidade é crucial para uma recuperação eficaz. Apontar para 7-9 horas de sono ininterrupto todas as noites. Crie um ambiente propício ao sono mantendo seu quarto fresco, escuro e silencioso. Estabeleça uma rotina regular de sono para promover um ciclo saudável de sono e vigília.

Recuperação ativa: Nos dias de descanso, considere se envolver em atividades de recuperação ativa. Isso pode incluir exercícios leves, como caminhada, ioga, natação ou alongamento suave. A recuperação ativa promove o fluxo sanguíneo, ajuda no relaxamento muscular e auxilia na recuperação sem causar tensão excessiva.

Nutrição adequada: Alimentar seu corpo com nutrição adequada é essencial para a recuperação. Consuma uma dieta balanceada que inclua proteínas, carboidratos e gorduras saudáveis adequadas para apoiar a reparação muscular e repor os estoques de energia. Mantenha-se hidratado bebendo bastante água ao longo do dia.

Incorpore exercícios de alongamento e flexibilidade: exercícios regulares de alongamento e flexibilidade podem melhorar sua recuperação. Essas atividades ajudam a melhorar a amplitude de movimento, reduzem a tensão muscular e promovem uma melhor circulação. Inclua alongamentos estáticos ou dinâmicos como parte de sua rotina.

Gerencie o estresse: o estresse crônico pode interferir no seu processo de recuperação. Encontre maneiras eficazes de controlar o estresse, como praticar a atenção plena, exercícios de respiração profunda, ioga ou participar de atividades que lhe tragam alegria e relaxamento.

Personalize sua recuperação: as necessidades de recuperação de cada indivíduo podem variar com base em fatores como nível de condicionamento físico, intensidade do exercício, idade e saúde geral. Preste atenção em como seu corpo responde a diferentes níveis de descanso e recuperação e ajuste sua rotina de acordo.

Lembre-se, encontrar o equilíbrio certo entre exercício e descanso é crucial para alcançar os melhores resultados e prevenir lesões. É importante ouvir o seu corpo, priorizar atividades adequadas de sono, nutrição e recuperação para apoiar sua jornada de condicionamento físico. Se você tiver dúvidas ou preocupações específicas sobre descanso e recuperação, consulte um profissional de fitness qualificado ou um profissional de saúde.

33 Reprogramando seus hábitos.

Para reprogramar seus hábitos e criar mudanças duradouras, é importante identificar e quebrar hábitos prejudiciais que podem estar atrapalhando seu progresso. Aqui estão algumas estratégias para ajudá-lo a quebrar hábitos pouco saudáveis:

Reconheça seus gatilhos: Identifique os gatilhos e

específicos que levam a seus hábitos pouco saudáveis. Os gatilhos podem ser internos (emoções, estresse, tédio) ou externos (certos ambientes, pessoas ou situações). Compreender seus gatilhos ajudará você a se tornar mais consciente de quando e por que se envolve em hábitos pouco saudáveis.

Reconheça seus gatilhos: Identifique os gatilhos específicos que levam a seus hábitos pouco saudáveis. Os gatilhos podem ser internos (emoções, estresse, tédio) ou externos (certos ambientes, pessoas ou situações). Compreender seus gatilhos ajudará você a se tornar mais consciente de quando e por que se envolve em hábitos pouco saudáveis.

Crie consciência: Aumente sua consciência de seus hábitos pouco saudáveis, mantendo um diário ou usando um aplicativo de rastreamento de hábitos. Registre os momentos, situações e emoções associadas aos seus hábitos pouco saudáveis. Isso o ajudará a identificar padrões e obter informações sobre por que você se envolve nesses hábitos.

Defina intenções claras: defina claramente sua intenção de quebrar o hábito prejudicial à saúde. Anote seus motivos para querer mudar e os benefícios que espera obter com a quebra do hábito. Isso ajudará você a se manter motivado e focado em seu objetivo.

Substitua por alternativas saudáveis: identifique alternativas saudáveis que possam substituir seus hábitos pouco saudáveis. Por exemplo, se você tem o hábito de comer alimentos não saudáveis quando está estressado, encontre lanches mais saudáveis ou desenvolva estratégias alternativas de alívio do estresse, como exercícios de respiração profunda ou caminhadas.

Modifique seu ambiente: faça alterações em seu ambiente físico para apoiar a quebra do hábito prejudicial à saúde. Remova os gatilhos ou dicas que o levam a adotar o hábito. Por exemplo, se você costuma passar muito tempo nas redes sociais, considere excluir determinados canais que vão contra aos teus objetivos, por exemplo: Canais de receitas com alimentos que não fazem mais parte do teu novo estilo de vida e evitar pessoas que tentam te influenciar negativamente, tentando te tirar do teu foco. Preste muita atenção nisso, existem pessoas que não conseguem mudar e não aceitam que o outro mude!

Pratique a atenção plena: pratique estar presente e atento quando sentir vontade de se envolver no hábito prejudicial à saúde. Reserve um momento para fazer uma pausa, reconheça seus pensamentos e emoções e escolha conscientemente uma resposta diferente. A atenção plena ajuda a criar espaço para fazer escolhas intencionais em vez de agir por impulsos automáticos.

34 Quebrando Hábitos Não Saudáveis.

Utilize o Reforço Positivo: Recompense-se por quebrar com sucesso o hábito prejudicial à saúde. Configure um sistema de reforço positivo que se alinhe com seus objetivos. Por exemplo, mime-se com algo de que goste quando resistir ao hábito pouco saudável, por exemplo, mimar-se comprando uma roupa nova, sapatos, bolsas, maquiagens... Ja ouvi de muitas pacientes, depois de um tempo de dieta dizendo: Ah, eu vou me permitir comer... não se engane, iso é uma autosabotagem, que terá consequencias negativas nas proximas etapas, a recompesa, não pode estar relacionada a algo que te faça perder o foco. Acompanhe seu progresso e comemore os marcos ao longo do caminho. A cada meta alcançada, voce se sentirá cada vez mais forte!

Busque apoio: compartilhe suas metas e desafios com amigos, familiares ou um grupo de apoio. Ter um sistema de apoio pode fornecer encorajamento, responsabilidade e perspectivas adicionais sobre como quebrar o hábito.

Pratique a autocompaixão: seja gentil consigo mesmo durante todo o processo de quebrar hábitos prejudiciais à saúde. Entenda que contratempos podem ocorrer e isso faz parte do processo de aprendizado. Em vez de insistir em falhas, concentre-se no progresso e aprenda com cada experiência. Trate-se com compaixão e paciência.

Persista: Quebrar hábitos pouco saudáveis leva tempo e esforço. Mantenha-se persistente e comprometido com seu objetivo. Lembre-se de suas razões para querer mudar e o impacto positivo que isso terá em seu bem-estar geral. Abrace a jornada como uma oportunidade de crescimento e autoaperfeiçoamento.

Lembre-se, quebrar hábitos pouco saudáveis é um processo que requer dedicação e autoconsciência. Ao implementar essas estratégias e permanecer comprometido, você pode reprogramar seus hábitos e criar um estilo de vida mais saudável.

35 Construindo novos habitos sustentaveis.

Construir hábitos novos e sustentáveis é a chave para o sucesso a longo prazo na reprogramação do seu corpo e na consecução dos seus objetivos de perda de peso. Aqui estão algumas estratégias para ajudá-lo a construir e manter hábitos saudáveis:

Vá por etapas: comece concentrando-se em um ou dois hábitos de cada vez. Tentar mudar muitas coisas ao mesmo tempo pode ser avassalador e pode levar à perda de motivação. Comece com mudanças pequenas e alcançáveis que você pode sustentar ao longo do tempo.

Defina metas claras e específicas: defina claramente suas metas e torne-as específicas e mensuráveis. Em vez de dizer: "Quero me exercitar mais", defina uma meta como: "Vou me exercitar por 30 minutos, três vezes por semana". Definir metas claras ajuda a fornecer direção e motivação.

Crie uma rotina: estabeleça uma rotina consistente para seus novos hábitos. Faça deles uma parte inegociável de sua programação diária ou semanal. A consistência é a chave para manter os hábitos. Por exemplo, defina um horário específico para exercícios ou planeje suas refeições e lanches com antecedência.

Use a combinação de hábitos: combine seus novos hábitos com os existentes para torná-los mais fáceis de lembrar e implementar. Por exemplo, se você deseja incorporar mais alongamentos à sua rotina, faça-o imediatamente após escovar os dentes pela manhã.

Acompanhe seu progresso: acompanhe seu progresso para se manter motivado e responsável. Use um rastreador de hábitos ou diário para registrar sua adesão aos novos hábitos. Ver seu progresso e sucesso pode proporcionar uma sensação de realização e incentivá-lo a continuar.

Encontre responsabilidade e suporte: compartilhe suas metas e progresso com alguém em quem você confia, como um amigo, familiar ou um grupo de apoio. Ter alguém para responsabilizá-lo e fornecer apoio e incentivo pode aumentar significativamente suas chances de sucesso.

Comemore marcos: comemore suas conquistas ao longo do caminho para reforçar seus novos hábitos. Reconheça e recompense a si mesmo quando atingir marcos ou manter a consistência com seus hábitos. Pode ser algo tão simples como dedicar-se a uma atividade relaxante ou comprar um pequeno presente para si mesmo.

Pratique a autorreflexão: reflita regularmente sobre sua jornada e avalie como seus novos hábitos estão impactando positivamente sua vida. Tome nota dos benefícios que você está experimentando, tanto física quanto mentalmente. Essa reflexão pode reforçar a importância de seus hábitos e motivá-lo a continuar.

Seja flexível e adapte-se: a vida pode ser imprevisível e pode haver momentos em que é difícil manter seus novos hábitos. Seja flexível e esteja disposto a se adaptar quando necessário. Se as circunstâncias mudarem, encontre maneiras alternativas de manter seus hábitos ou modifique-os para se adequar à situação.

Pratique a autocompaixão: seja paciente e gentil consigo mesmo durante esse processo. Reconheça que construir novos hábitos leva tempo e esforço. Se você escorregar ou enfrentar desafios, não seja muito duro consigo mesmo. Em vez disso, aprenda com a experiência e volte a se comprometer com seus hábitos.

Mantenha-se educado e engajado: eduque-se continuamente sobre hábitos saudáveis, nutrição e condicionamento físico. Mantenha-se engajado lendo livros, seguindo sites respeitáveis de saúde e bem-estar ou buscando orientação de profissionais. Esse conhecimento irá capacitá-lo e mantê-lo motivado em sua jornada.

Lembre-se, construir hábitos sustentáveis é um processo gradual que requer consistência, perseverança e autocompaixão. Ao implementar essas estratégias e manter o compromisso, você pode integrar com sucesso hábitos saudáveis ao seu estilo de vida e atingir suas metas de perda de peso.

36 Tecnicas de gerenciamento de stress.

As técnicas de gerenciamento de estresse são essenciais para manter o bem-estar geral e apoiar sua jornada de perda de peso. Aqui estão algumas técnicas eficazes para ajudá-lo a gerenciar o estresse:

Respiração profunda: Pratique exercícios de respiração profunda para ativar a resposta de relaxamento do seu corpo. Faça respirações lentas e profundas, enchendo o diafragma e expirando lentamente. A respiração profunda pode ajudar a reduzir o estresse, diminuir a pressão sanguínea e promover uma sensação de calma.

Meditação da atenção plena: pratique a meditação da atenção plena para aumentar a consciência do momento presente e reduzir o estresse. Encontre um espaço tranquilo, sente-se confortavelmente e concentre sua atenção na respiração ou em uma sensação específica. Quando sua mente divagar, traga-a gentilmente de volta ao momento presente sem julgamento.

Atividade física: Pratique atividade física regular para reduzir o estresse e melhorar o humor. Escolha atividades que você goste, como caminhar, correr, dançar ou ioga. O exercício libera endorfinas, que são intensificadores naturais do humor, e ajuda a reduzir os hormônios do estresse no corpo.

Relaxamento Muscular Progressivo: Pratique o relaxamento muscular progressivo para liberar a tensão do corpo. Comece contraindo e depois relaxando cada grupo muscular da cabeça aos pés. Essa técnica promove relaxamento e ajuda você a se tornar mais consciente das sensações físicas associadas ao estresse.

Diário: Escreva em um diário para expressar e processar seus pensamentos e emoções. Use-o como uma ferramenta para auto-reflexão, gratidão ou para explorar quaisquer fontes de estresse ou ansiedade. O registro no diário pode ajudá-lo a obter clareza, reduzir o estresse e melhorar o bem-estar emocional.

Apoio Social: Procure apoio de amigos, familiares ou grupos de apoio. Compartilhar seus sentimentos e preocupações com pessoas de confiança pode fornecer suporte emocional e perspectiva. Engajar-se em atividades sociais e manter relacionamentos saudáveis também pode ajudar a reduzir o estresse.

Gerenciamento de tempo: organize e priorize suas tarefas para gerenciar seu tempo com eficiência. Divida as tarefas em etapas menores e gerenciáveis e crie uma agenda ou lista de tarefas. Ao gerenciar seu tempo com eficiência, você pode reduzir sentimentos de opressão e estresse.

Técnicas de relaxamento: explore técnicas de relaxamento, como ouvir música relaxante, tomar um banho quente, praticar ioga ou praticar hobbies que você ache agradáveis e relaxantes. Encontre atividades que o ajudem a relaxar e criar uma sensação de paz.

Escolhas de estilo de vida saudável: mantenha um estilo de vida saudável priorizando refeições nutritivas, exercícios regulares e sono suficiente. Uma dieta balanceada, atividade física regular e sono de qualidade contribuem para a redução geral do estresse e maior resiliência.

Limite os estressores: identifique e limite as fontes de estresse em sua vida sempre que possível. Avalie seus compromissos e responsabilidades e considere estabelecer limites para proteger seu tempo e bem-estar. Aprenda a dizer não a tarefas ou responsabilidades adicionais que possam contribuir para o estresse excessivo.

Procure ajuda profissional: Se você acha que o estresse está afetando significativamente sua vida diária ou está lutando para administrá-lo sozinho, não hesite em procurar ajuda profissional. Um terapeuta ou conselheiro pode fornecer orientação, apoio e estratégias eficazes de controle do estresse.

Lembre-se, o gerenciamento do estresse é uma jornada pessoal e diferentes técnicas podem funcionar melhor para diferentes indivíduos. É importante explorar e descobrir o que funciona melhor para você. Incorpore essas técnicas à sua rotina e torne o controle do estresse uma prioridade para apoiar seus objetivos gerais de bem-estar e perda de peso.

37 Melhorando a qualidade do sono.

Melhorar a qualidade do sono é crucial para a saúde e o bem-estar geral, incluindo o controle de peso bem-sucedido. Aqui estão algumas estratégias para melhorar a qualidade do sono:

Atenha-se a um horário de sono consistente: estabeleça um horário de sono regular, indo para a cama e acordando no mesmo horário todos os dias, mesmo nos fins de semana. Isso ajuda a regular o relógio interno do seu corpo e promove uma melhor qualidade do sono.

Crie um ambiente propício ao sono: torne seu quarto um ambiente propício ao sono. Certifique-se de que o quarto esteja escuro, silencioso e com uma temperatura confortável. Use cortinas ou persianas para bloquear a luz, tampões de ouvido ou máquinas de ruído branco para minimizar o ruído e um colchão e travesseiros confortáveis para promover um sono melhor.

Estabeleça uma rotina de dormir: crie uma rotina relaxante de dormir para sinalizar ao seu corpo que é hora de relaxar. Envolva-se em atividades que o ajudem a relaxar, como ler um livro, tomar um banho quente, praticar alongamento ou meditação suave ou ouvir música calmante.

Limite a exposição a telas de TV e celular antes de dormir: evite a exposição a dispositivos eletrônicos, como smartphones, tablets ou laptops, por pelo menos uma hora antes de dormir. A luz azul emitida por esses dispositivos pode interferir na produção de melatonina do corpo, um hormônio que ajuda a regular o sono.

Evite estimulantes: limite a ingestão de cafeína e evite consumi-la perto da hora de dormir. A cafeína pode permanecer em seu sistema por várias horas e atrapalhar o sono. Além disso, esteja atento a outros estimulantes, como nicotina e álcool, pois eles podem afetar negativamente a qualidade do sono.

Crie um ambiente de sono relaxante: faça do seu quarto um espaço tranquilo e convidativo dedicado ao sono. Use aromas calmantes, como lavanda, e invista em roupas de cama e pijamas confortáveis. Considere o uso de cortinas blackout ou uma máscara de olho para criar escuridão total.

Atividade física regular: pratique atividade física regular, mas evite exercícios intensos perto da hora de dormir, pois podem estimular o corpo e dificultar o adormecimento. O exercício moderado no início do dia pode promover uma melhor qualidade do sono.

Gerencie o estresse: pratique técnicas de controle do estresse, como exercícios de respiração profunda, meditação ou registro no diário, para ajudar a acalmar sua mente antes de dormir. Envolver-se em atividades de relaxamento pode reduzir o estresse e promover um sono mais tranquilo.

Avalie seu ambiente de sono: avalie seu ambiente de sono quanto a quaisquer fatores que possam estar atrapalhando seu sono, como roupas de cama desconfortáveis, ruído excessivo ou um colchão que não oferece suporte. Faça os ajustes necessários para otimizar seu ambiente de sono.

Evite refeições pesadas e líquidos antes de dormir: Evite comer grandes refeições ou consumir líquidos em excesso perto da hora de dormir. Isso pode causar desconforto, indigestão ou idas frequentes ao banheiro, o que pode atrapalhar seu sono.

Procure ajuda profissional, se necessário: Se você luta constantemente com problemas de sono ou suspeita de um distúrbio do sono subjacente, consulte um profissional de saúde ou um especialista em sono. Eles podem fornecer uma avaliação adequada e recomendar intervenções ou tratamentos adequados.

Lembre-se, o sono é um componente vital da saúde geral e do controle de peso. Ao implementar essas estratégias e priorizar o sono, você pode melhorar a qualidade do sono e colher os inúmeros benefícios de um corpo e mente bem descansados.

38 Reprogramando seu ambiente.

Elimine as tentações: remova alimentos não saudáveis e com alto teor calórico de sua casa. Livre-se de lanches processados, bebidas açucaradas e outros itens que podem tentá-lo a adotar hábitos alimentares pouco saudáveis. Substitua-os por alimentos nutritivos e integrais que se alinhem com seus objetivos de perda de peso.

Abasteça-se de Alimentos Saudáveis: Encha sua cozinha com uma variedade de alimentos nutritivos, incluindo frutas, vegetais, proteínas magras, grãos integrais e lanches saudáveis. Ter essas opções prontamente disponíveis tornará mais fácil fazer escolhas mais saudáveis e evitar uma alimentação impulsiva e pouco saudável.

Organize sua cozinha: organize sua cozinha de maneira a apoiar uma alimentação saudável. Mantenha alimentos saudáveis ao nível dos olhos e de fácil acesso. Coloque alimentos não saudáveis fora de vista , em áreas menos acessíveis, ou melhor ainda, não os tenha em casa. Organize sua despensa e geladeira para tornar as opções saudáveis mais atraentes e convenientes.

Preparação de refeições e cozimento em lote: dedique tempo a cada semana para preparar refeições e cozinhar em lote. Prepare refeições saudáveis e distribua-as em recipientes individuais, facilitando a escolha de uma opção nutritiva quando estiver ocupado ou tentado a pedir comida para viagem. Isso reduz a dependência de alimentos de conveniência não saudáveis.

Crie um ritual para as refeições: estabeleça um ritual para as refeições que promova uma alimentação consciente e conexão com a comida. Ponha a mesa, desligue os aparelhos eletrónicos e saboreie as suas refeições num ambiente calmo e descontraído. Engajar-se em uma alimentação consciente pode ajudá-lo a se tornar mais consciente dos sinais de fome e saciedade, levando a um melhor controle das porções.

Envolva sua família ou colegas de casa: se você mora com familiares ou colegas de casa, envolva-os em sua jornada e crie um compromisso compartilhado para um estilo de vida mais saudável. Incentive todos a contribuir com o planejamento de refeições, preparação e compras de supermercado. Isso promove um ambiente solidário e inclusivo.

Exiba lembretes visuais: use dicas visuais ou lembretes que se alinhem com seus objetivos. Pendure citações motivadoras, fotos suas com o peso desejado ou imagens que inspirem uma vida saudável. Esses lembretes podem servir como fonte de motivação e reforço.

39 Criando um ambiente doméstico favorável.

Criar um ambiente doméstico favorável é essencial ao reprogramar seu corpo e trabalhar para atingir suas metas de perda de peso. Aqui estão algumas estratégias para ajudá-lo a criar um ambiente doméstico favorável:

Crie um espaço de treino em casa: configure uma área dedicada para exercícios em sua casa. Pode ser tão simples quanto limpar um canto de uma sala ou designar um espaço específico para ioga ou outros exercícios. Ter uma área de treino designada torna mais conveniente praticar atividades físicas regularmente.

Incentivar passatempos ativos: Incentive você e seus familiares a se envolverem em hobbies ativos e atividades recreativas juntos. Planeje caminhadas em família, passeios de bicicleta ou passeios a parques locais ou trilhas para caminhadas. Encontrar maneiras agradáveis de ser ativo em família não apenas apóia suas metas de perda de peso, mas também fortalece os relacionamentos.

Minimize a desordem estressante: crie um ambiente de vida organizado e livre de desordem. A desordem pode contribuir para sentimentos de estresse e dificultar o foco em hábitos saudáveis. Reserve um tempo para organizar sua casa, criando um espaço limpo e relaxante que apoie seu bem-estar geral.

Lembre-se de que o ambiente doméstico desempenha um papel

significativo na formação de seus comportamentos e hábitos. Ao criar intencionalmente um ambiente de apoio, você pode se preparar para o sucesso em sua jornada de perda de peso e tornar as escolhas saudáveis mais acessíveis e sem esforço.

40 Estrategias para jantar fora e reuniões sociais.

Jantar fora e socializar podem apresentar desafios quando se trata de manter hábitos alimentares saudáveis. No entanto, com algumas estratégias em vigor, você ainda pode aproveitar essas atividades enquanto mantém o controle de suas metas de perda de peso. Aqui estão algumas estratégias para jantar fora e socializar de maneira saudável:

Planeje com antecedência: antes de sair, verifique o cardápio do restaurante online. Procure opções ou pratos mais saudáveis que possam ser modificados para atender às suas necessidades dietéticas. Ter um plano em mente ajudará você a fazer melhores escolhas quando chegar.

Pratique o controle das porções: os restaurantes geralmente servem porções maiores do que o necessário. Considere compartilhar uma refeição com um amigo ou peça uma caixa para viagem no início da refeição e guarde metade da comida para mais tarde. Alternativamente, opte por um aperitivo ou escolha um item do menu inicial.

Modifique seu pedido: não tenha medo de personalizar seu pedido para torná-lo mais saudável. Peça temperos ou molhos à parte, opte por opções grelhadas ou assadas em vez de fritas e peça legumes cozidos no vapor ou assados em vez daqueles cozidos em óleo ou manteiga.

Esteja atento às bebidas: bebidas alcoólicas e açucaradas podem ser ricas em calorias. Opte por água, chá sem açúcar ou água com gás com um toque de frutas cítricas. Se você optar por beber álcool, faça-o com moderação e opte por opções com menos calorias, como cerveja light ou vinho.

Comece com uma Salada ou Sopa: Comece sua refeição com uma salada ou uma sopa à base de caldo. Essas opções geralmente têm menos calorias e podem ajudá-lo a se sentir mais cheio, reduzindo a probabilidade de comer demais no prato principal.

Concentre-se em proteínas e vegetais: ao selecionar sua refeição, priorize fontes de proteína como carnes magras, peixes ou proteínas vegetais. Emparelhe-o com um acompanhamento de vegetais ou peça vegetais extras para aumentar o volume do seu prato e adicionar fibras e nutrientes.

Pratique uma alimentação consciente: preste atenção aos seus sinais de fome e saciedade enquanto janta fora. Coma devagar, saboreie cada mordida e ouça os sinais do seu corpo. Pare de comer quando se sentir confortavelmente satisfeito, mesmo que tenha sobrado comida no prato.

Seja seletivo com acompanhamentos e extras: esteja atento aos itens adicionais que acompanham sua refeição, como batatas fritas, pão ou molhos cremosos. Considere pular ou limitar esses extras para reduzir a ingestão de calorias.

Mantenha-se ativo e envolvido: escolha atividades sociais que envolvam movimento físico, como dançar, caminhar ou caminhar após uma refeição. Manter-se ativo durante as reuniões sociais pode ajudar a compensar algumas das calorias extras consumidas.

Procure apoio: compartilhe suas metas de perda de peso e escolhas de estilo de vida saudável com seus amigos e familiares. O apoio e a compreensão deles podem facilitar o jantar fora e a socialização, pois podem ajudá-lo a encontrar restaurantes ou atividades alinhadas com seus objetivos.

Aproveite a companhia: Lembre-se de que socializar e jantar fora não são apenas sobre a comida. Concentre-se na empresa, na conversa e na experiência geral. Aproveite o aspecto social e faça conexões com outras pessoas, em vez de se concentrar apenas na comida.

Ao implementar essas estratégias, você poderá ir jantares fora e eventos sociais enquanto faz escolhas mais saudáveis e mantém o controle de suas metas de perda de peso. Lembre-se, equilíbrio e moderação são fundamentais, e não há problema em se deliciar ocasionalmente, desde que se encaixe no seu estilo de vida saudável em geral.

41 Lidando com as Tentações Alimentares.

Ao participar de reuniões ou eventos sociais, lidar com as tentações alimentares pode ser um desafio. No entanto, com algumas estratégias em vigor, você pode navegar nessas situações enquanto ainda faz escolhas conscientes. Aqui estão algumas dicas para lidar com as tentações alimentares durante as reuniões:

Planeje com antecedência: Antes de participar da reunião, tenha um plano em mente. Decida os tipos de alimentos que deseja priorizar e os que deseja evitar. Considere fazer uma refeição ou lanche pequeno e equilibrado antes da reunião, para não sentir muita fome quando chegar.

Traga um prato: Ofereça-se para trazer um prato caseiro saudável para a reunião. Dessa forma, você terá uma opção nutritiva que se alinha com seus objetivos alimentares. Compartilhe seu prato com outras pessoas e poderá inspirá-las a fazer escolhas mais saudáveis também.

Examine as opções de comida: reserve um momento para

verificar as opções de comida disponíveis antes de encher o prato. Identifique opções mais saudáveis, como vegetais, frutas, proteínas magras ou grãos integrais. Preencha essas opções antes de considerar itens menos saudáveis.

Pratique o controle das porções: esteja atento ao tamanho das porções. Use pratos ou tigelas menores, se disponíveis, e coma pequenas porções de alimentos com alto teor calórico. Evite repetir, a menos que ainda esteja com fome.

Alimentação consciente: pratique uma alimentação consciente saboreando cada mordida, mastigando devagar e prestando atenção aos sinais de fome e saciedade do seu corpo. Faça pausas entre as mordidas e participe de conversas ou atividades para diminuir o ritmo de alimentação.

Escolha sabiamente: faça escolhas informadas selecionando alimentos que se alinham com seus objetivos. Opte por opções grelhadas ou assadas em vez de frituras. Escolha pratos com menos açúcares adicionados, gorduras não saudáveis e sódio. Encha o seu prato com uma variedade de cores e texturas para uma refeição equilibrada.

Mantenha-se hidratado: beba muita água durante o encontro. Às vezes, a sede pode ser confundida com fome, levando a lanches desnecessários. Ao manter-se hidratado, você pode ajudar a reduzir os desejos excessivos.

Envolva-se em atividades não alimentares: Mude seu foco de atividades alimentares para atividades não alimentares durante a reunião. Participe de conversas, participe de jogos ou atividades ou ofereça-se para ajudar nas tarefas. Manter-se ocupado e engajado pode reduzir lanches e distrações sem sentido.

Tenha um sistema de apoio: se possível, encontre um parceiro de responsabilidade ou um amigo que compartilhe seus objetivos. Apoie-se mutuamente durante as reuniões, lembrando-se mutuamente de suas intenções saudáveis e incentivando-os.

Pratique a moderação, não a privação: lembre-se de que não há problema em desfrutar de algumas de suas comidas favoritas com moderação. A privação pode levar a sentimentos de restrição e potencial de comer demais mais tarde. Permita-se comer pequenas porções de suas guloseimas favoritas sem culpa.

Concentre-se no aspecto social: Mude seu foco da comida para o aspecto social da reunião. Participe de conversas, conecte-se com outras pessoas e aproveite a companhia de amigos e familiares. Ao desviar sua atenção, você terá menos chances de exagerar ou de se fixar apenas na comida.

Lembre-se de que se trata de encontrar um equilíbrio entre desfrutar de eventos sociais e fazer escolhas que apoiem seus objetivos de saúde. Implemente essas estratégias para navegar pelas tentações alimentares durante as reuniões, mantendo uma abordagem consciente e equilibrada de sua alimentação.

42 Superando Platôs e Desafios de Perda de Peso.

Platôs e desafios de perda de peso são comuns durante uma jornada de perda de peso. Aqui estão algumas estratégias para ajudá-lo a superar os platôs e enfrentar os desafios da perda de peso:

Revise e ajuste sua abordagem: dê um passo para trás e avalie sua abordagem atual de perda de peso. Avalie seus hábitos alimentares, rotina de exercícios e estilo de vida geral. Procure áreas onde você pode fazer ajustes ou melhorias. Às vezes, pequenas mudanças podem fazer uma grande diferença.

Acompanhe sua ingestão de alimentos: monitore sua ingestão de alimentos de perto, mantendo um diário alimentar ou usando um aplicativo de rastreamento de alimentos. Isso pode ajudá-lo a identificar quaisquer fontes de calorias ocultas ou excessivas. Certifique-se de estar em déficit calórico consumindo menos calorias do que queima.

Reavalie o tamanho das porções: verifique novamente o tamanho das porções para garantir que você está estimando com precisão e não inadvertidamente consumindo mais calorias do que o pretendido. Use copos medidores, uma balança de alimentos ou referências visuais para ajudá-lo a manter o tamanho adequado das porções.

Misture sua rotina de exercícios: Se você atingiu um platô de perda de peso, pode ser hora de mudar sua rotina de exercícios. Incorpore diferentes tipos de exercícios, varie a intensidade ou experimente novas atividades. Adicionar exercícios de treinamento de força pode ajudar a construir massa muscular magra e aumentar seu metabolismo.

Aumente a atividade física: encontre maneiras de aumentar sua atividade física geral ao longo do dia. Suba as escadas em vez do elevador, caminhe ou ande de bicicleta para destinos próximos ou incorpore pequenas rajadas de exercícios durante os intervalos ou tempo livre. Cada movimento conta para queimar mais calorias.

Gerencie os níveis de estresse: altos níveis de estresse podem afetar o progresso da perda de peso. Encontre maneiras saudáveis de controlar o estresse, como praticar técnicas de relaxamento, praticar hobbies ou buscar o apoio de amigos e familiares. Descanso e sono adequados também desempenham um papel crucial no controle do estresse.

Busque apoio: conte com o apoio de amigos, familiares ou de uma comunidade de perda de peso. Compartilhe seus desafios e busque conselhos ou motivação daqueles que passaram por experiências semelhantes. Ter um sistema de apoio pode fornecer encorajamento e responsabilidade.

Comemore as vitórias fora da escala: concentre-se nas vitórias fora da escala, como níveis de energia aprimorados, força aumentada, sono melhor ou humor melhorado. Essas conquistas indicam mudanças positivas acontecendo em seu corpo, independentemente do número na balança.

Mantenha-se consistente e paciente: platôs de perda de peso são comuns e o progresso pode diminuir às vezes. Mantenha-se consistente com seus hábitos saudáveis e seja paciente com o processo. Lembre-se de que a perda de peso sustentável é uma jornada gradual e é normal passar por altos e baixos ao longo do caminho.

Consulte um Nutricionista: se você tentou várias estratégias e ainda está lutando com desafios ou platô para perder peso, considere consultar um profissional de saúde, como um nutricionista. Eles podem fornecer orientação personalizada e ajudar a identificar quaisquer fatores subjacentes que possam estar impedindo seu progresso.

Lembre-se de que a jornada de perda de peso de cada pessoa é única e o que funciona para uma pessoa pode não funcionar para outra. Seja flexível, adaptável e disposto a fazer ajustes conforme necessário. Mantenha-se comprometido com seus objetivos e concentre-se em mudanças sustentáveis de longo prazo, em vez de soluções rápidas. Com perseverança e as estratégias certas, você pode superar os platôs e continuar progredindo em direção aos seus objetivos de perda de peso.

44   Lidando com gatilhos emocionais.

Abordar os gatilhos emocionais e reconhecer os padrões emocionais de alimentação é crucial para uma perda de peso bem-sucedida. Aqui estão algumas estratégias para ajudá-lo nesse processo:

Consciência consciente: pratique a atenção plena para desenvolver a consciência de suas emoções e sua conexão com seus comportamentos alimentares. Preste atenção em como você se sente antes, durante e depois de comer. Observe quaisquer padrões ou gatilhos que levem à alimentação emocional.

Inventário emocional: mantenha um diário para registrar suas emoções ao longo do dia. Anote quaisquer eventos estressantes, gatilhos ou estados emocionais que possam contribuir para o seu desejo de comer. Isso ajuda você a identificar padrões recorrentes e a entender melhor seu cenário emocional.

Encontre mecanismos alternativos de enfrentamento: explore alternativas não alimentares para lidar com as emoções. Envolva-se em atividades que proporcionem alívio do estresse e conforto emocional, como exercícios de respiração profunda, meditação, registro no diário, conversar com um amigo ou membro da família que o apoie, praticar um hobby ou praticar atividades físicas.

Crie uma rede de apoio: Cerque-se de uma rede de apoio de amigos, familiares ou um grupo de apoio que entenda seus objetivos e desafios. Compartilhe suas emoções e experiências com eles e busque o apoio deles quando estiver se sentindo sobrecarregado.

45 Reconhecendo padrões emocionais de alimentação.

Técnicas de Regulação Emocional: Aprenda e pratique técnicas de regulação emocional. Isso pode incluir exercícios de respiração profunda, relaxamento muscular progressivo, visualização ou busca de ajuda profissional por meio de terapia ou aconselhamento.

Faça uma pausa antes de comer: Desenvolva o hábito de fazer uma pausa antes de comer quando sentir vontade de comer emocionalmente. Reserve um momento para se perguntar se está fisicamente com fome ou se há um gatilho emocional por trás do desejo de comer. Isso ajuda você a diferenciar entre fome física e emocional.

Crie um diário alimentar e de humor: mantenha um diário alimentar e de humor para rastrear seus padrões emocionais de alimentação. Anote os alimentos que você come, as emoções que sente e quaisquer eventos ou gatilhos que possam ter influenciado suas escolhas alimentares. Revisar seu diário pode ajudá-lo a identificar padrões emocionais de alimentação e desenvolver estratégias para abordá-los.

Crie estratégias de enfrentamento saudáveis: explore estratégias de enfrentamento saudáveis para substituir a alimentação emocional. Envolva-se em atividades que lhe tragam alegria, como hobbies, exercícios físicos, arte, música ou passar tempo na natureza. Experimente diferentes estratégias e descubra o que funciona melhor para você.

Pratique a autocompaixão: seja gentil consigo mesmo e pratique a autocompaixão. Entenda que a alimentação emocional é um desafio comum e leva tempo para desenvolver novos hábitos. Trate-se com gentileza e compreensão quando cometer erros e use os contratempos como oportunidades de aprendizado e crescimento.

Busque apoio profissional: Se os padrões emocionais de alimentação persistirem ou se tornarem opressores, considere buscar o apoio de um nutricionista, terapeuta ou conselheiro especializado em alimentação emocional e mudança de comportamento. Eles podem fornecer orientação, ferramentas e estratégias adaptadas às suas necessidades específicas.

Lembre-se de que abordar gatilhos e padrões emocionais leva tempo e prática. Seja paciente consigo mesmo e celebre as pequenas vitórias ao longo do caminho. Ao criar consciência, desenvolver estratégias alternativas de enfrentamento e buscar apoio, você pode se libertar dos padrões emocionais de alimentação e estabelecer um relacionamento mais saudável com a comida.

46 Lidando com stress ansiedade e depressao.

Lidar com o estresse, a ansiedade e a depressão é essencial para o bem-estar geral e pode ter um grande impacto na sua jornada de perda de peso. Aqui estão algumas estratégias para ajudá-lo a lidar com esses desafios:

Procure ajuda profissional: se você estiver passando por estresse, ansiedade ou depressão significativos, é importante procurar um profissional de saúde, como um terapeuta, psicólogo ou psiquiatra. Eles podem fornecer orientação, suporte e opções de tratamento adequadas às suas necessidades.

Pratique técnicas de relaxamento: Pratique técnicas de relaxamento para controlar o estresse e a ansiedade. Isso pode incluir exercícios de respiração profunda, relaxamento muscular progressivo, meditação, atenção plena ou ioga. A prática regular dessas técnicas pode ajudar a acalmar a mente e reduzir os sintomas de estresse e ansiedade.

Exercite-se regularmente: A atividade física demonstrou melhorar o humor e reduzir os sintomas de depressão e ansiedade. Pratique exercícios regulares de que goste, como caminhar, correr, dançar ou participar de aulas de ginástica em grupo. Procure pelo menos 40 minutos de exercícios de intensidade moderada por dia, conforme recomendado pelas diretrizes de saúde.

Priorize o autocuidado: faça do autocuidado uma prioridade em sua rotina diária. Envolva-se em atividades que lhe tragam alegria e relaxamento, como ler, tomar banho, ouvir música, passar tempo na natureza ou praticar hobbies. Cuidar do seu bem-estar físico, emocional e mental é crucial para gerenciar o estresse e promover uma mentalidade positiva.

Construa uma rede de apoio: Cerque-se de uma rede de apoio de amigos, familiares ou um grupo de apoio. Compartilhe seus sentimentos e preocupações com pessoas de confiança que podem ouvir e oferecer apoio. Conectar-se com outras pessoas que têm experiências semelhantes também pode ser útil para reduzir sentimentos de isolamento.

Pratique técnicas cognitivo-comportamentais: As técnicas cognitivo-comportamentais podem ajudar a desafiar pensamentos negativos e reformulá-los sob uma luz mais positiva e realista. Trabalhe para identificar e substituir o diálogo interno negativo por afirmações positivas. Considere trabalhar com um terapeuta treinado em terapia cognitivo-comportamental (TCC) para obter suporte adicional.

Mantenha um estilo de vida saudável: preste atenção aos seus hábitos gerais de estilo de vida, pois eles podem afetar seu bem-estar mental. Tenha uma dieta balanceada que inclua alimentos ricos em nutrientes, durma o suficiente para apoiar o descanso e a recuperação adequados e limite o consumo de substâncias como álcool e cafeína que podem exacerbar os sintomas de ansiedade ou depressão.

Defina metas realistas: defina metas realistas e alcançáveis para si mesmo. Divida-os em etapas menores e gerenciáveis para evitar se sentir sobrecarregado. Comemore seu progresso ao longo do caminho, não importa quão pequeno seja, pois isso pode ajudar a aumentar sua motivação e autoconfiança.

Pratique Mindfulness e Gratidão: Incorpore práticas de mindfulness e gratidão em sua rotina diária. Reserve momentos para fazer uma pausa, observe seus pensamentos e emoções sem julgamento e concentre-se no momento presente. Envolver-se em exercícios de gratidão, como manter um diário de gratidão ou expressar gratidão aos outros, também pode ajudar a mudar sua mentalidade para a positividade.

Limite os estressores: identifique e limite as fontes de estresse em sua vida o máximo possível. Avalie seus compromissos e responsabilidades e aprenda a dizer NÃO quando necessário. Simplifique sua agenda e priorize atividades que lhe tragam alegria e paz.

Lembre-se de que a jornada de cada pessoa é única e é importante encontrar estratégias de enfrentamento que funcionem melhor para você. Seja paciente consigo mesmo, busque apoio quando necessário e seja proativo em cuidar do seu bem-estar mental e emocional. Ao abordar o estresse, a ansiedade e a depressão, você criará uma base sólida para sua jornada de perda de peso e saúde geral.

47 Construindo resiliência emocional.

Construir resiliência emocional é uma habilidade importante que pode apoiar seu bem-estar geral e ajudá-lo a enfrentar os desafios com mais eficiência. Aqui estão algumas estratégias para ajudá-lo a construir resiliência emocional:

Desenvolva a autoconsciência: comece cultivando a autoconsciência e compreendendo suas emoções, pensamentos e reações. Preste atenção em como você responde a estressores e situações desafiadoras. Essa consciência pode ajudá-lo a identificar padrões e gatilhos, permitindo que você gerencie melhor suas emoções.

Pratique o autocuidado: priorize atividades de autocuidado que nutrem seu bem-estar físico, mental e emocional. Isso inclui dormir o suficiente, comer uma dieta balanceada, praticar exercícios regularmente e praticar atividades que lhe tragam alegria e relaxamento.

Promova uma rede de apoio: Cerque-se de uma rede de apoio de amigos, familiares ou comunidade. Procure relacionamentos e conexões positivas que forneçam encorajamento, empatia e compreensão. Ter um sistema de apoio pode fornecer apoio emocional valioso em tempos difíceis.

Desenvolva estratégias de enfrentamento: identifique estratégias de enfrentamento saudáveis que funcionem para você. Isso pode incluir a prática de técnicas de relaxamento, envolvimento em saídas criativas, registro no diário, exercícios de respiração profunda, atenção plena ou meditação, ou envolvimento em hobbies ou atividades que lhe tragam alegria.

Cultive o otimismo e o pensamento positivo: concentre-se em cultivar uma mentalidade positiva e reformular os pensamentos negativos. Pratique uma conversa interna positiva e desafie crenças ou suposições negativas. Procure aspectos positivos em situações desafiadoras e cultive a gratidão pelos aspectos positivos de sua vida.

Defina metas realistas: defina metas realistas e alcançáveis para si mesmo. Divida-os em etapas menores e gerenciáveis. Comemore suas realizações ao longo do caminho, não importa quão pequenas sejam. Isso pode ajudar a construir confiança e uma sensação de progresso, aumentando sua resiliência emocional.

Pratique habilidades de resolução de problemas: Desenvolva habilidades de resolução de problemas para enfrentar os desafios de forma eficaz. Divida os problemas em componentes menores, considere diferentes soluções e avalie seus possíveis resultados. Adotar uma abordagem ativa e orientada para a solução pode ajudá-lo a se sentir mais capacitado e resiliente.

Promova flexibilidade e adaptabilidade: reconheça que a mudança faz parte da vida e ser flexível e adaptável pode aumentar sua resiliência. Cultive uma mentalidade aberta e abrace novas perspectivas e ideias. Pratique encontrar soluções ou abordagens alternativas quando se deparar com obstáculos inesperados.

Promova a regulação emocional: trabalhe para melhorar sua capacidade de regular suas emoções. Pratique a consciência emocional e encontre maneiras saudáveis de expressar e processar seus sentimentos. Isso pode envolver atividades como escrever um diário, conversar com um amigo de confiança ou buscar apoio profissional quando necessário.

Aprenda com os contratempos e as falhas: veja os contratempos e as falhas como oportunidades de aprendizado, em vez de derrotas permanentes. Reflita sobre o que você pode aprender com essas experiências e como elas podem contribuir para o seu crescimento pessoal. Use contratempos como trampolins para se recuperar mais forte e mais sábio.

Lembre-se, construir resiliência emocional é um processo que leva tempo e prática. Seja paciente consigo mesmo e abrace a jornada. Ao implementar essas estratégias, você pode cultivar a resiliência emocional e desenvolver as habilidades necessárias para enfrentar os desafios com maior força e adaptabilidade.

48 Manutenção de peso sustentavel.

Alcançar a manutenção sustentável do peso é essencial para o sucesso a longo prazo e o bem-estar geral. Aqui estão algumas estratégias para ajudá-lo a manter seu peso de maneira sustentável:

Adote um plano alimentar equilibrado e nutritivo: concentre-se em um plano alimentar equilibrado e nutritivo que inclua uma variedade de alimentos integrais. Enfatize frutas, vegetais, proteínas magras, grãos integrais e gorduras saudáveis. Evite dietas extremas ou padrões alimentares restritivos, pois podem ser difíceis de manter e podem levar a um ciclo de perda e recuperação de peso.

Pratique o controle das porções: preste atenção ao tamanho das porções e pratique uma alimentação consciente. Esteja ciente de seus sinais de fome e saciedade e coma até se sentir satisfeito, não muito cheio. Use pratos, tigelas e utensílios menores para ajudar a gerenciar o tamanho das porções. Ouça os sinais de fome e plenitude do seu corpo.

Atividade física regular: continue praticando atividade física regular mesmo depois de atingir suas metas de perda de peso. Procure uma combinação de exercícios cardiovasculares, treinamento de força e exercícios de flexibilidade. Encontre atividades que você goste e torne-as parte de sua rotina diária.

Estabeleça metas realistas e sustentáveis: Estabeleça metas realistas e sustentáveis para a manutenção do peso. Concentre-se em manter um peso corporal saudável, em vez de lutar por um peso irreal ou excessivamente baixo. Lembre-se de que a manutenção do peso é um processo contínuo e pequenas flutuações são normais.

Monitore seu progresso: monitore regularmente seu progresso para se manter responsável e fazer os ajustes necessários. Use ferramentas como pesar-se periodicamente, rastrear sua ingestão de alimentos ou manter um diário alimentar para ajudá-lo a ficar ciente de seus hábitos e fazer escolhas informadas.

Cultive um ambiente de apoio: Cerque-se de um ambiente de apoio que incentive hábitos saudáveis. Participe de atividades com pessoas afins que compartilham seus objetivos de bem-estar. Procure o apoio de amigos, familiares ou um grupo de apoio para se manter motivado e responsável.

Concentre-se em vitórias fora da escala: Mude seu foco de depender apenas do número na balança. Comemore vitórias fora da escala, como níveis de energia aprimorados, força aumentada, qualidade de sono aprimorada ou melhor humor. Reconheça e aprecie as mudanças positivas que você fez em sua saúde e bem-estar geral.

Pratique a alimentação consciente: continue praticando a alimentação consciente prestando atenção às suas escolhas alimentares, comendo devagar e saboreando cada mordida. Sintonize-se com os sinais de fome e saciedade do seu corpo e coma em resposta a estímulos físicos, em vez de gatilhos emocionais.

Gerencie o estresse e o bem-estar emocional: desenvolva estratégias saudáveis para gerenciar o estresse e manter o bem-estar emocional. Envolva-se em atividades para reduzir o estresse, como meditação, técnicas de relaxamento, hobbies ou passar tempo com entes queridos. Procure apoio de profissionais se precisar de ajuda para lidar com o estresse ou desafios emocionais.

Pratique a autocompaixão e seja gentil consigo mesmo durante toda a jornada de manutenção do peso. Aceite que pode haver contratempos ocasionais ou flutuações de peso e entenda que é uma parte normal do processo. Trate-se com bondade, perdão e encorajamento.

Lembre-se, a manutenção do peso sustentável é um compromisso vitalício com hábitos saudáveis e autocuidado.

Trata-se de encontrar um equilíbrio que funcione para você e focar no bem-estar geral, em vez de um número na balança. Ao incorporar essas estratégias em seu estilo de vida, você pode manter um peso saudável e aproveitar os benefícios de uma abordagem sustentável e equilibrada para a saúde e o bem-estar.

49 Transição da perda de peso para a manutenção.

A transição da perda de peso para a manutenção é uma fase crucial em sua jornada de bem-estar. Aqui estão algumas estratégias para ajudá-lo a navegar nessa transição de forma eficaz:

Ajustes graduais: ajuste gradualmente sua ingestão de calorias e rotina de exercícios para alinhar com as metas de manutenção de peso. Aumente gradualmente a ingestão de calorias para um nível que apoie a manutenção do peso sem desencadear o ganho de peso.

Da mesma forma, ajuste sua rotina de exercícios para manter um equilíbrio saudável entre o gasto e a ingestão de calorias.

Monitore seu progresso: fique de olho no seu peso e medidas corporais durante a fase de transição.

Verifique regularmente o seu progresso para garantir que está mantendo a faixa de peso desejada. Se você notar flutuações significativas, ajuste seus hábitos de acordo.

Ajuste seus hábitos alimentares: concentre-se em manter um plano alimentar equilibrado e nutritivo que atenda às suas necessidades individuais. Preste atenção ao tamanho das porções e continue praticando uma alimentação consciente. Esteja atento aos gatilhos emocionais da alimentação e encontre mecanismos de enfrentamento saudáveis para resolvê-los.

Pratique o autocuidado e o gerenciamento do estresse: priorize as técnicas de autocuidado e gerenciamento do estresse para apoiar seu bem-estar geral durante esta fase de transição. Envolva-se em atividades que lhe tragam alegria, reduzam o estresse e ajudem a manter uma mentalidade positiva. Isso pode incluir atividades como ioga, meditação, registro no diário, passar o tempo na natureza ou praticar hobbies.

Atividade física regular: continue praticando atividade física regular para apoiar a manutenção do peso. Encontre atividades que você goste e torne-as parte de sua rotina diária. Procure uma combinação de exercícios cardiovasculares, treinamento de força e exercícios de flexibilidade para manter a massa muscular e o condicionamento físico geral.

Defina metas realistas: defina metas realistas e sustentáveis para a manutenção do peso. Mude seu foco de depender apenas do número na balança para outras medidas de progresso, como níveis de condicionamento físico aprimorados, aumento de energia ou bem-estar aprimorado. Adote uma abordagem holística para a saúde e o bem-estar.

Busque apoio: Cerque-se de uma rede de apoio de amigos, familiares ou um grupo de apoio que entenda seus objetivos e desafios. Compartilhe suas experiências e busque apoio quando necessário. Envolver-se com outras pessoas que passaram por transições semelhantes pode fornecer informações e encorajamento valiosos.

Abrace a flexibilidade: entenda que a manutenção do peso não é um processo linear e pode haver oscilações ao longo do caminho. Abrace a flexibilidade e aprenda a se adaptar às mudanças em seu corpo, estilo de vida e circunstâncias. Seja paciente consigo mesmo e dê espaço para ajustes conforme necessário.

Comemore suas conquistas: reserve um tempo para comemorar suas conquistas e o progresso que você fez. Reconheça o trabalho árduo e a dedicação que você dedicou para atingir suas metas de perda de peso e fazer a transição para a manutenção do peso. Comemore marcos e vitórias fora da escala para se manter motivado e inspirado.

Continue aprendendo e crescendo: mantenha uma mentalidade de crescimento e continue a se educar sobre nutrição, condicionamento físico e bem-estar geral. Mantenha-se atualizado com as pesquisas e tendências atuais em saúde e bem-estar. Continue aprendendo e experimentando novas estratégias que podem apoiar sua jornada contínua em direção a um estilo de vida saudável e equilibrado.

Lembre-se, a transição da perda de peso para a manutenção é um compromisso vitalício com o seu bem-estar. Abrace o processo, seja gentil consigo mesmo e concentre-se em hábitos sustentáveis que promovam saúde e felicidade a longo prazo.

50 Estratégias para alcançar o Sucesso a longo prazo.

Para alcançar o sucesso a longo prazo na manutenção de um peso saudável e bem-estar geral, é importante adotar estratégias que apoiem hábitos sustentáveis e mudanças positivas no estilo de vida.

Aqui estão algumas estratégias-chave para o sucesso a longo prazo:

Estabeleça metas realistas e sustentáveis: estabeleça metas realistas que sejam alcançáveis e sustentáveis a longo prazo. Concentre-se na saúde geral, bem-estar e mudanças no estilo de vida, em vez de apenas em um número na balança. Divida seus objetivos em marcos menores para se manter motivado e acompanhar seu progresso.

Concentre-se na mudança de comportamento: Mude seu foco de soluções de curto prazo para mudanças de comportamento de longo prazo. Em vez de depender de dietas da moda ou soluções rápidas para perda de peso, concentre-se em desenvolver hábitos saudáveis e fazer mudanças graduais e sustentáveis em sua alimentação, exercícios e estilo de vida em geral.

Pratique a alimentação consciente: Cultive uma abordagem de alimentação consciente prestando atenção aos sinais de fome e plenitude do seu corpo, comendo devagar e saboreando cada mordida. Esteja ciente dos gatilhos emocionais que podem levar a escolhas alimentares excessivas ou não saudáveis. Sintonize-se com as necessidades do seu corpo e alimente-o com refeições equilibradas e ricas em nutrientes.

Mantenha uma dieta equilibrada e nutritiva: adote um plano alimentar equilibrado e nutritivo que inclua uma variedade de alimentos integrais, como frutas, vegetais, proteínas magras, grãos integrais e gorduras saudáveis. Procure moderação em vez de restrição e concentre-se em nutrir seu corpo com os nutrientes de que ele precisa.

Mantenha-se ativo e pratique exercícios regulares: incorpore atividades físicas regulares em sua rotina diária. Encontre atividades que você goste e faça delas uma prioridade. Procure uma combinação de exercícios cardiovasculares, treinamento de força e exercícios de flexibilidade para promover o condicionamento físico e a saúde geral. Crie o hábito de mover seu corpo regularmente.

Busque apoio e responsabilidade: Cerque-se de uma rede de apoio de amigos, familiares ou um grupo de apoio. Compartilhe seus objetivos, desafios e sucessos com eles. Ter um sistema de apoio pode fornecer encorajamento, motivação e responsabilidade. Considere trabalhar com um profissional de saúde ou um nutricionista registrado para receber orientação e suporte personalizados.

Pratique o autocuidado e o gerenciamento do estresse: priorize atividades de autocuidado que promovam o bem-estar mental, emocional e físico. Encontre maneiras saudáveis de controlar o estresse, como praticar técnicas de relaxamento, praticar hobbies ou atividades de que goste, dormir o suficiente e buscar apoio quando necessário. Cuidar do seu bem-estar geral é essencial para o sucesso a longo prazo.

Acompanhe e monitore seu progresso: acompanhe seu progresso

monitorando regularmente seus hábitos, como ingestão de alimentos, exercícios e outros fatores de estilo de vida. Isso pode ajudá-lo a identificar áreas de melhoria e fazer os ajustes necessários. Use ferramentas como diários alimentares, aplicativos de condicionamento físico. **Se comprometa a ter disciplina, pois nem sempre poderá contar com a motivação!**

Abrace a flexibilidade e a adaptabilidade: entenda que a vida é cheia de altos e baixos e contratempos podem ocorrer ao longo do caminho. Abrace a flexibilidade e aprenda a se adaptar às mudanças nas circunstâncias ou prioridades. Se você enfrentar um revés, veja-o como uma oportunidade de aprender e crescer, em vez de um motivo para desistir.

Lembre-se, o sucesso a longo prazo não é apenas atingir um peso ou tamanho corporal específico, mas também adotar um estilo de vida saudável e sustentável que apoie o seu bem-estar. Concentre-se em fazer mudanças positivas, praticar o autocuidado e encontrar alegria na jornada em direção a um você mais saudável.

51 Comemorando marcos e vitorias fora da escala.

Comemorar marcos e vitórias fora da escala é uma parte importante da sua jornada de bem-estar. Ajuda a reconhecer e apreciar seu progresso, aumenta a motivação e reforça comportamentos positivos. Comemore as vitórias fora da escala: comemore as conquistas que vão além do número na balança. Reconheça e celebre as vitórias fora da escala, como níveis de energia aprimorados, força aumentada, melhor qualidade do sono, humor aprimorado ou mudanças positivas na composição corporal. Reconheça que o sucesso não é definido apenas pelo peso, mas pelo bem-estar geral.

Aqui estão algumas estratégias para comemorar seus marcos e vitórias fora da escala:

Reflita sobre suas conquistas: reserve um tempo para refletir sobre o quão longe você chegou. Considere as mudanças positivas que você fez, tanto física quanto mentalmente. Reflita sobre seus níveis de energia aprimorados, força aumentada, autoconfiança aprimorada, saúde geral aprimorada ou qualquer outra transformação positiva que você tenha experimentado.

Crie um rastreador de marcos: crie um rastreador de marcos ou uma representação visual de seu progresso. Pode ser um gráfico, um calendário, um quadro de visão ou uma jarra cheia de pequenas conquistas escritas em notas coloridas. Cada vez que você atingir um marco ou experimentar uma vitória fora da escala, marque-o ou adicione-o à sua representação visual.

Recompense-se: Mime-se com recompensas não alimentares ao atingir marcos. Escolha recompensas que se alinhem com seus interesses e valores. Pode ser comprar uma nova roupa de treino, tratar-se de uma massagem ou dia de spa, fazer uma escapadela de fim de semana ou dedicar-se a um hobby ou atividade que você ama.

Compartilhe suas conquistas: compartilhe seus marcos e vitórias fora da escala com amigos, familiares ou sua rede de apoio. Comemore seu progresso com entes queridos que entendem e apreciam sua jornada. Seu incentivo e apoio podem motivá-lo e inspirá-lo ainda mais.

Registre seus sucessos: mantenha um diário para registrar suas conquistas e vitórias fora da escala. Anote as mudanças positivas que você notou, como superou os desafios e como se sente em relação ao seu progresso. Revisite seu diário regularmente para se lembrar de suas realizações e se manter motivado em tempos difíceis.

Trate-se com autocuidado: Comemore seus marcos, envolvendo-se em atividades de autocuidado que nutrem sua mente, corpo e alma. Tome um banho relaxante, passe algum tempo na natureza, pratique meditação ou atenção plena, pratique uma atividade criativa ou desfrute de um hobby que lhe traga alegria e relaxamento.

Estabeleça novas metas: ao atingir marcos, defina novas metas para continuar sua jornada de crescimento e aprimoramento pessoal. Definir novas metas mantém você motivado e engajado no processo. Certifique-se de que seus objetivos sejam realistas, específicos e alinhados com seu bem-estar geral.

Reconheça as vitórias fora da escala: Mude seu foco do número na balança para as vitórias fora da escala. Reconheça e comemore mudanças positivas em sua composição corporal, aumento dos níveis de energia, melhor desempenho físico, melhor qualidade do sono, melhor saúde mental ou mudanças positivas em seu bem-estar geral.

Compartilhe sua história: compartilhe sua jornada e conquistas com outras pessoas que podem se inspirar em seu progresso. Considere escrever uma postagem no blog, compartilhar sua história nas mídias sociais ou participar de um grupo ou comunidade de apoio. Suas experiências podem motivar e encorajar outras pessoas em suas próprias jornadas de bem-estar.

Pratique a gratidão: cultive uma mentalidade de gratidão e aprecie as pequenas vitórias ao longo do caminho. Expresse gratidão pelas capacidades do seu corpo, pelo apoio que recebe, pelo progresso que fez e pelas lições que aprendeu. A gratidão ajuda a promover uma mentalidade positiva e reforça o valor de suas conquistas.

Lembre-se, comemorar marcos e vitórias fora da escala é um processo contínuo ao longo de sua jornada de bem-estar. Reserve um tempo para reconhecer e apreciar seu progresso, tanto grande quanto pequeno. Comemorar essas conquistas pode fornecer a motivação e a inspiração de que você precisa para continuar fazendo mudanças positivas e manter um estilo de vida saudável e equilibrado.

52 Conclusão.

Ao embarcar em sua jornada para reprogramar seu corpo e atingir suas metas de perda de peso, lembre-se de que é um processo que requer paciência, dedicação e autocompaixão. Aqui estão alguns pensamentos finais e palavras de encorajamento para apoiá-lo ao longo do caminho:

Abrace a jornada: sua jornada em direção à perda de peso e um estilo de vida mais saudável não é apenas chegar a um destino, mas também a experiência transformadora ao longo do caminho. Abrace os altos e baixos, os desafios e as vitórias e as lições aprendidas. Cada passo que você dá é uma oportunidade de crescimento e autodescoberta.

Seja gentil consigo mesmo: mostre a si mesmo bondade e compaixão ao longo de sua jornada. Aceite que contratempos podem ocorrer, mas eles não definem seu progresso. Trate-se com amor e compreensão e lembre-se de que a mudança leva tempo. Concentre-se no progresso, por menor que seja, e comemore cada passo adiante.

Mantenha-se motivado: encontre fontes de inspiração que ressoam com você. Cerque-se de influências positivas, sejam citações inspiradoras, histórias de sucesso ou pessoas que o apoiam. Tenha em mente uma visão clara de seus objetivos e lembre-se das razões pelas quais você embarcou nessa jornada. Use essas motivações para alimentar sua determinação e disciplina diaria.

Busque suporte: não hesite em procurar suporte quando necessário. Apoie-se em amigos, familiares ou um grupo de apoio que entendem seus desafios e podem fornecer incentivo. Considere procurar orientação de profissionais como nutricionistas, personal trainers ou terapeutas que possam oferecer experiência e aconselhamento personalizado.

Enfatize hábitos sustentáveis: concentre-se no desenvolvimento de hábitos sustentáveis que irão atendê-lo a longo prazo. Evite soluções rápidas ou abordagens extremas que são difíceis de manter. Em vez disso, priorize nutrição balanceada, atividade física regular, alimentação consciente e autocuidado. Esses hábitos contribuirão para o sucesso duradouro e o bem-estar geral.

Comemore cada conquista: lembre-se de comemorar cada conquista, por menor que seja. Seja seguindo um plano de alimentação saudável por uma semana, superando um treino desafiador ou reconhecendo uma mudança positiva em sua mentalidade, reconheça e recompense-se por essas realizações. As comemorações ajudam a reforçar comportamentos positivos e a mantê-lo motivado.

Aprenda com os contratempos: espere que os contratempos ocorram ao longo do caminho. Em vez de vê-los como fracassos, veja-os como oportunidades de crescimento. Analise os fatores que contribuíram para o revés, aprenda com eles e ajuste sua abordagem de acordo. Use os contratempos como lições valiosas que o impulsionam para a frente.

Concentre-se no bem-estar geral: a perda de peso é apenas um aspecto do seu bem-estar. Lembre-se de priorizar sua saúde geral e felicidade. Cuide do seu bem-estar mental e emocional gerenciando o estresse, praticando o autocuidado e nutrindo relacionamentos positivos. Sua jornada é criar uma vida equilibrada e gratificante, não apenas atingir um peso específico.

Acredite em si mesmo: tenha fé em sua capacidade de atingir seus objetivos. Acredite que você tem força, resiliência e determinação para ter sucesso. Cultive uma mentalidade positiva e afirme sua crença em si mesmo regularmente. A autoconfiança é um motivador poderoso que pode impulsioná-lo para a frente, mesmo diante de desafios.

53 Carta aberta com carinho a VOCÊ!

Comemore seu novo estilo de vida! À medida que progride e reprograma seu corpo, comemore as mudanças positivas que você fez em seu estilo de vida. Reconheça que você não está apenas perdendo peso, mas transformando seu relacionamento com a comida, exercícios e autocuidado. Abrace a alegria e a realização que vêm de uma vida saudável e equilibrada.

Lembre-se, sua jornada para reprogramar seu corpo é exclusiva para você. Abrace o processo, mantenha-se comprometido e confie em sua capacidade de alcançar os resultados desejados. Você tem o poder de fazer mudanças positivas e criar uma versão mais saudável e feliz de você. Boa sorte em sua jornada transformadora!

Aprenda com os contratempos: espere que os contratempos sejam conduzidos ao longo do caminho. Em vez de vê-los como fracassos, veja-os como oportunidades de crescimento. Analise os fatores que toleram para o rever, aprenda com eles e ajuste sua abordagem de acordo. Use os contratempos como lições valiosas que o impulsionam para a frente.

Concentre-se no bem-estar geral, a perda de peso é apenas um aspecto do seu bem-estar. Lembre-se de priorizar sua saúde geral e felicidade. Cuide do seu bem-estar mental e emocional gerenciando o estresse, praticando o autocuidado e nutrindo relacionamentos positivos. Sua jornada é criar uma vida equilibrada e grata, não apenas atingir um peso específico.

Acredite em si mesmo, tenha fé em sua capacidade de atingir seus objetivos. Acredite que você tem força, resiliência e experiência para ter sucesso. Cultive uma mentalidade positiva e afirme sua crença em si mesmo regularmente. A autoconfiança é um motivador poderoso que pode impulsioná-lo para a frente, mesmo diante de desafios.

Comemore seu novo estilo de vida, á medida que progride e reprograma seu corpo, comemore as mudanças positivas que você fez em seu estilo de vida. Reconheça que você não está apenas perdendo peso, mas envolvendo seu relacionamento com a comida, exercícios e autocuidado. Abrace a alegria e as realizações que vêm de uma vida saudável e equilibrada.

Lembre-se, sua jornada para reprogramar seu corpo é exclusiva para você. Abrace o processo, mantenha-se comprometido e confie em sua capacidade de alcançar os resultados desejados. Você tem o poder de fazer mudanças positivas e criar uma versão mais saudável e feliz de você. Só VOCÊ tem esse PODER!!!

Boa sorte em sua jornada transformadora! **Da amiga e parceira,** Sandra Mendonça ;)

www.ingramcontent.com/pod-product-compliance
Lightning Source LLC
LaVergne TN
LVHW020908200726
843506LV00011B/1619